知的生きかた文庫

「55歳」からの一番楽しい人生の見つけ方

川北義則

三笠書房

はじめに

かけがえのない「自由時間」をどう楽しむか？

五十代も半ばを過ぎれば、定年が視野に入ってくる。

定年後をどう生きているかは、それぞれの生活の仕方にかかっているが、在職中のいままであった社会的地位、仕事、人間関係がなくなることだけはたしかだ。このギャップは現実になってみると、想像していた以上の大きな差である。

在職中のこの三つがなくなることは、いわば、「引きこもり」の人間たちと同じ条件。定年後、そんな「引きこもり」たちと同様、家の中に閉じこもってしまうか、あるいは自由に外に出て、さまざまな遊びに興じるか、はたまた新しく仕事を始めるか、それぞれの生き方がある。

とにかく自由人となったあなたの本当の人生は定年後から始まるのだ。

年がいもなく遊びほうけるのもいい。年齢とともに、体力的に多少ガタがくるのは当たり前。だが、そこからが面白い。何をやってもいいのだ。

おしゃれだって、ピンと背筋を張っていられた青壮年時代より、高齢期になってシワが出てきたほうが、味のあるおしゃれができる。本当にいいものが似合うのは、そんな年代になってからだ。

年を取ると、健康にも気を使うようになるが、やれ健康診断だ、サプリメントだなどと目の色を変えるのはやめたほうがいい。健康的に生きるのはいいが、健康のために右往左往するのは、かえって不健康だ。

七十歳を過ぎたら健康診断なんかやめたほうがいい。診断を受けるから、おかしな箇所が見つかる。診断を受けなければ何も気にすることはない。後は成り行き任せの人生でいいではないか。

約四十年間働いてきた労働時間と、定年後八十歳までの二十年間の自由時間とは、ほぼ同じである。他人に迷惑さえかけなければ、何をしようと自由気ままな時間がいっぱいあるのだ。何もあわてて定年後の人生設計など立てる必要はない。

定年後の生き方をアドバイスする本も数多く出ているが、よくあるケースで、定年後の一日二四時間と一週間の予定を書けと言われても何も書くことがなく、すべてが空欄だったと嘆いている人がいる。

だが、そんなことは当たり前ではないか。定年後の予定なんて何もないのが、それこそ定年を迎えての魅力ではないのか。

なかには、定年後に「そば打ちなんかにうつつを抜かすな！」と叱っている人もいるが、それこそ余計なおせっかいだ。そば打ちをしようと、田舎で畑をたがやそうと、「青春18切符」で列車の旅をしようと、やりたいことをやればいい。本人の勝手であり、それこそが定年後の楽しみではないだろうか。

ただ、何をしても個人のことばかりになりやすいミーイズムは欠点で、いい大人なのだから、もう少し「公」に踏み込んだほうが、世のため人のためになるのも確かだ。

時間がたっぷりあるうえに、仕事をしなくても年金というお金が入ってくる。長いサラリーマン生活のなかでも、何もしなくてお金が入ってくることはなかったはず。もちろん、現役時代、給与の中から社会保険料や税金などは引かれていたが、生活はその差し引きでやっていたから、定年後の年金は、いわば「捨てぶち」という考え方もできる。

誰でも少しは老後のための預貯金もしていたはずだが、金額の多寡《たか》はあれ、二カ月ごとに入金される年金はありがたいはずだ。

定年後こそ、誰にも遠慮することのない「自分が主人公」のときである。いままで、そんなときはなかったはずだ。自分が主人公で、時間もお金も自由に使える――これが一番幸せな人生なのである。お金が自由に使えるかどうかは問題だが、これはもう、定年以前からの計画いかんだろう。

どうか、いい知識といいお金を持って、いい人生を送ってもらいたい。

川北義則

はじめに――かけがえのない「自由時間」をどう楽しむか？　3

1章　人間、年を取ってからが面白い！

「自分の時間」を楽しむ9つの条件

やりたいことがない…？　それでいいじゃないか！　14
これからの「働き方」で考えておきたいこと　18
「回り道」をしてこそ、見えてくる世界がある！　23
いまでも「自分の可能性」を信じているか？　27
「身の丈に合った幸せ」こそ最高の生きるコツ　31
余計な義理など、きれいさっぱり捨ててしまえ　35
「ハゲが似合う人はハゲになる」という法則　39
無理をしない、見栄を張らない、頑張りすぎない　43
ただのお古になるな。ビンテージになれ！　47

2章 おしゃれを忘れた中年は寂しくなる

"悠々自適"を楽しむ7つの条件

定年後をもっと楽しくする「バカになるコツ」　52
憧れの「悠々自適な趣味三昧」は、もって3年!?　56
あの頃の「好奇心」を取り戻すコツ　60
無駄を楽しめ！　そこに大切な何かが埋まっている　64
スーツを脱いでもおしゃれな人　70
現役時代によく働き、よく学び、よく遊んだ人は…　75
「いまが一番幸せで楽しい」と言える幸せ　80

3章

金がなくても幸せ、とはいかない世の中

「心配いらず」の6つの条件

金のことで不安になるな、ただ〝計算〟はしておこう 86
誰かのため、いつかのためでない「自分の金」をどう使う？ 90
貯金はすべて「自分で使い切る」でちょうどいい 96
定年後、金を増やそうなどとは考えるな！ 100
退職金で住宅ローンを返すのはやめなさい 105
「夢の海外ロングステイ」の現実は？ 109

4章

人に頼らず、女房に頼らず、いい人間関係

「孤独知らず」の9つの条件

「一人の時間」を楽しむための3つの習慣　116
妻に「夫がストレス！」と言われないために　121
定年後は「夫婦適度な距離」がお互いのため　126
まさかの熟年離婚！　は他人事ではない!?　130
熟年再婚には避けられない「問題」がある　135
子供をアテにするのは、やめたほうがいい　140
「仕事抜き」でつきあえる友人をつくる　146
これからは恋愛関係でない異性の友人を持て　151
ストレスのない「ご近所づきあい」の秘訣　156

5章

年甲斐もなく遊び、生きればいいじゃないか

「不満知らず」の10の条件

「会社の肩書きがなくなれば、ただの人」 162
お金がなくても楽しめる方法を見つけておく 166
定年後に「自分は何ができるか」考える 171
定年起業はやめておきなさい！ 174
それでも夢にかけてみたかったら？ 179
田舎暮らしを楽しめる人、楽しめない人 184
江戸っ子に学ぶ「のん気に気楽に暮らす法」 189
いい、いい、いい年をしてやりたいことを大いにやろう 193
自信を持ってお勧めする「うまい店の探し方」 198
いまを楽しめるから、将来も楽しめる 202

6章

「執着知らず」の6つの条件

ちょっとくらいガタがくるのは当たり前

「面白うて、やがて悲しき健康オタクかな」 208
〝健康神話〟に騙されるな 214
人生80年——だからいま、考えておくべきこと 219
「大切な人との別れ」をどう受け止める？ 225
「老い」なんか怖くない！ 229
自分らしい逝き方を考えよう 234

1章

人間、年を取ってからが面白い!

「自分の時間」を楽しむ9つの条件

やりたいことがない…？　それでいいじゃないか！

まもなく六十歳の定年を迎える知人が、こんなことを言っていた。

「定年後の〈目標〉とか〈生きがい〉って、よく言うでしょう。あれって、どうなんですかね。第二の人生こそ、やりたくてもできなかったことをやるべきだとか、定年を機に本当の自分らしい生き方を探すべきだとか、ずいぶんとご大層な話になってるでしょう。自分は何も考えずにのんべんだらりと生きようと思ってるんですが、そんなことではいけないと責められてるみたいで、つい、何だかなあ、って思っちゃうんですよ。

またボランティアはいいぞ、なんて言われても、ちっともピンとこないんですよね。そんなことより、好きなときに映画や芝居やコンサートを観て、たまには友だちとゴルフやテニスでいい汗をかく、うまい酒を飲む。年に何度か国内を旅して、たまには海外にも行きたい。後はカメラが好きなんで、旅行に行ったときや犬の散歩でもしなから風景写真でも撮って歩けたら、それでもう十分なんですよ、自分としては」

　彼は、戦後のベビーブームで生まれた、いわゆる団塊の世代だ。いま、この世代はマスメディアの影響もあって、「定年退職したら何かしなきゃ」と強迫観念のように思い込まされているフシがある。無理もない。大きな書店に行けば、定年後の生き方指南本が山のように並び、雑誌をめくれば、やれ「趣味に生きよう」だの、「田舎暮らしを成功させるツボ」だの、「ボランティアこそ第二の人生の生きがい」だの、あおることあおること。

　はっきり言おう。**定年後どう生きようが、そんなことは本人の勝手である。**趣味に生きようが、ボランティアに生きようが、まだまだ働けると仕事に生きようが、他人にとやかく言われる筋合いのことではない。大きなお世話なのだ。

　定年というのは、たとえば完全にリタイアする場合であれば、それまでびっしり埋まっていたスケジュール帳が、ある日突然、真っ白になるようなものだ。「これで会社とおさらばできる。オレは自由だ！」と思う半面、「この先どうなるんだろう？」と誰もが不安になるものだ。会社一筋で、がむしゃらに突っ走ってきた人ほど定年後への不安は募る。

そんな心理状態のところへ、「何もしないで家でゴロゴロしてるとすぐに老けるし、奥さんにも嫌われますよ。定年後は生きがいが必要です。何かしたほうがいいですよ」などと言われると、「それもそうだな」と「何かやらなければ」の思いで、ついあせるのだろう。

最近は、そんな定年後の生きがい探しをしている人をターゲットにした予備校的なサービスまで登場している。掃除の仕方やカジュアルなおしゃれの着こなし術、奥さんに喜ばれる旅行プランの立て方などを教えてくれるところもあれば、魚釣りやゴルフ、畑仕事、山歩きなど定年後の遊び方を伝授してくれるところもある。

長年のサラリーマン生活で、指示待ちの生き方がすっかり染みついた人にはありがたいサービスなのかもしれないが、それにしても、「お金を払ってまで教えてもらうことか？」と思わずため息が出る。

賢明なる読者は先刻ご承知のことと思うが、この手のいらぬお節介は、団塊世代にお金を使わせようとする壮大な仕掛けであり、マーケティングのにおいがプンプンだ。

「定年後の〈目標〉や〈生きがい〉なんて言われてもピンとこない」という知人は、その胡散《うさん》くささに直感的に気づいている。だから「趣味？　ボランティア？　自分の好きなように生きたらいいんじゃないの？」と、そうした風潮に懐疑的なのだ。

私は彼の立場に一〇〇%賛同する。何かをやらなければと強迫観念に駆られてやりたくもないボランティアなどをするくらいなら、従容として無為なる日々を受け入れ、のんべんだらりと過ごせばいい。人生八十年時代。先は長い。**たとえ無趣味でもあせる必要はない。**のんびりかまえて、自分なりの遊び心をじっくり育て、熟成させればいいのだ。

くれぐれもマスメディアのあおりに乗って、「気がつけば、生きがい探しが生きがいになっていた」などという本末転倒なことにならないようにしてほしい。

これからの「働き方」で考えておきたいこと

江戸時代の武家社会というのは官僚組織だから、言ってみれば、いまのサラリーマンみたいなものだが、大きく違うのは定年がなかったことだ。彼らは自ら隠居を申し出ない限り、六十歳でも七十歳でも働くことができた。

江戸時代の平均寿命は乳幼児の死亡率が高く、三十歳代だったという。敗戦直後の一九四七年でさえ、日本の平均寿命は五十歳そこそこだった。それがいまでは、男性七十九・五九歳、女性八十六・四四歳だ(厚生労働省・二〇〇九年日本人の平均寿命)。いまの六十歳はひと昔前の四十五歳くらいだろう。

精神科医の和田秀樹氏が面白い指摘をしている。人気漫画『取締役島耕作』の主人公島(いまは社長になった)と『サザエさん』の波平では、どう見ても波平のほうが年寄りだが、実際の設定は島耕作が五十九歳、波平が五十四歳で、島のほうが五歳も年上。いまどきの中高年はかくも若いのだという(『定年後すぐボケる人　かえって若返る人』大和書房）。

その通り、いまどきの六十歳は、ゴルフのドライバーだって二五〇ヤードくらい平気で飛ばす。気力も体力も能力もまだまだ捨てたものではない。定年後、悠々自適に暮らすのもいいが、「六十五歳にならないと年金は満額支給にならないし、老後の生活不安や健康不安もある。元気なうちは働きたい」というのも一つの生き方だろう。

実際、定年後はのんびり過ごすつもりでいたが、あんまり暇でやることがないので、ハローワークに通い、仕事を見つけ、また働き始めた知人がいる。「定年前はあんなに楽しみだった旅行やゴルフも、一年もしたらすっかり飽きてしまった。やっぱり働いていると酒がうまいし、ゴルフも楽しい。元気なうちは働くに限る」というのが知人の弁だ。**仕事が生きがい、大いにけっこう。働きバチと揶揄《やゆ》されようが、本人が幸せならそれでいいのだ。**

それまでに培ってきた知識や経験やスキルは、絶対に必要とされる場所がある。まだまだ誰かのために役立てる。定年とともに捨ててしまうのは、いかにも惜しい。

よい働き場所さえ得られるなら、給料は二の次、三の次でもいいはずだ。それこそ月給など一五万円でも二〇万円でもいいではないか。うまくすれば、プライベートも大事にしつつ、江戸時代の武士のように**生涯現役を貫くこともできるはずだ。**

定年後の働き方としては、それまでの会社でそのまま働くか、別の会社に再就職するのが一般的だろう。

二〇〇六年四月に「高齢者雇用安定法」が改正施行され、企業は、

①定年年齢を六十五歳に引き上げる

②定年退職者のうち希望者を嘱託《しょくたく》などの形で再雇用する。または定年後も引き続き雇用する

③定年を廃止する

のいずれかを選択しなければならなくなった。

定年を引き上げたり廃止するのは経営の根幹にかかわるため、やはり難しいようで、厚生労働省の調べでは九割以上の企業が、②の再雇用を選んでいるという。希望すれば、嘱託などの形で定年後も働ける会社が多くなったが、お勧めはしない。

嘱託などの場合、多くは週の半分ほど出社するだけで、給料も定年前の額の半分ももらえたらいいほうだろう。下手をすると三分の一程度に下がる。契約も一年ごとだ。それでかつての部下に使われるのだからたまらない。人事権のない先輩の言うことな

ど、部下はまず聞かない。

ご隠居様扱いされ、外野に押しやられるだけならまだましで、下手をすれば、露骨にバカにされるなどいじめにあう恐れもある。同じ職場で働けるという気安さだけで再雇用の道を選ぶと、とんだ目にあいかねない。

それよりスパッと定年で辞めて、別の会社に再就職したほうがいい。もちろんその場合も給料は六〜七割程度に下がるだろうが、同じ会社にいて嫌な思いをするよりはマシだ。

再就職は縁故がものを言う。定年後、他の会社から「よかったらうちに来ませんか」と声のかかる人は、それまでに仕事抜き、損得抜きで時間も労力も使って他人の世話をした人である。そうした生き方を心がけ、人脈を広げ、自分の知識や経験やスキルが生かせる分野で新たな働き場所を探せるようにしたい。何も国内にこだわることはない。成長著しい中国などに行けば、日本では旧世代に属するような技術でも十分役に立つ。

いずれにしろ定年後も働く場合は、給料もポジションも大幅に下がる。それを屈辱と感じるような人はやめるべきだ。それまでの肩書きに未練があると、「こんな安い給料や低いポストで働けるか」と必ず不満を持つ。本人もまわりも不幸になるだけだ。

大事なことは頭の切り替えだ。待遇はダウンするが、その分仕事は楽になる。自由な時間も増える。**失うものもあるが、得られるものもあるのだ。**

「楽しまずして何の人生ぞや」（吉川英治『親鸞《しんらん》』）。仕事一筋だった自分を解放してやればいい。

そうやって現役を続け、プライベートも楽しんでいる人と、定年後、無聊《ぶりょう》をかこってくすぶっている人とでは、同じような年齢でも見かけも雰囲気もまるで違ってくる。

馴染みの飲み屋のママさんが面白いことを言っていた。

「男は仕事をやめると、途端に老ける。顔にしまりがなくなって色気も精気も失せる。何よりケチになる。いつまでも女にモテたかったら、仕事はやめないことね」。

さすが人間観察のプロ。けだし名言である。

「回り道」をしてこそ、見えてくる世界がある！

いまどきの五十歳代は、バブル崩壊後の長期デフレ不況のなかで、会社からリストラにあうなど、ひどい仕打ちを受け、大きな挫折を味わった人が少なくない。

ただし、その後の人生は、その挫折をどう受け止めたかで、だいぶ違ったものになっているのではないか。

仕事でつきあいのあるフリーライターからこんな話を聞いた。

「うちの兄が三十年ほど勤めていた会社をリストラで解雇されたのは七年前。なかなか再就職先が見つからず、一時は同居する親ともぎくしゃくしたが、二年ほどしてやっと小さな会社に再就職できた。仕事一筋で趣味など何もない男だったが、暇を持て余した失業中に、何を思ったか、突然、アマチュア無線とパソコンを始め、いまでは日本中の仲間と交信したり、せっせと秋葉原に通い、パソコンを自作するほどになった。無線の交信記録を自作のパソコンに保存したりもしている。いまではそのパソコンの腕が、会社でけっこう重宝がられているらしい」

リストラはお兄さんにとって、とても辛い出来事だったが、その代わり、無線とパソコンというかけがえのない楽しみを手にするきっかけにもなった。そのお兄さんは言ったそうだ。

「会社というのは理不尽なものだ。どんなに一生懸命働いても、所詮、サラリーマンなんて捨て駒だ。クビになって仕事は仕事と割り切れるようになった。それに給料は下がったけれど、無線とパソコンのおかげで、仕事と気楽に向き合えるようにもなった。『釣りバカ日誌』のハマちゃんの気持ちがやっとわかった」と。

人生に勝者も敗者もない。会社人生で大きな挫折を味わったとしても、「サラリーマンなんて所詮こんなもの」とさばさばした気持ちで頭の切り替えができれば、出世や処遇などへの執着もなくなり、気楽に再就職先を探すこともできるはずだ。それこそこのフリーライターの兄のように、仕事とは無関係の趣味などに新しい人生の楽しみを見つけることもできるだろう。それはそのまま第二の人生の予行演習にもなる。

人は挫折を味わうと、この先にもう希望はないと思いがちだ。それは、この道の先にしか未来はない、幸福な老後はないと思い込んでいるからだ。おそらくバブル崩壊後に挫折を経験した人のなかには、「あんなに会社のために頑張ってきたのに、なぜオレがこんな目に……」と割り切れない思いを抱えている人が少なくないに違いない。

しかし、**人生は一本道ではない。その気になって少し道草をすれば、「あれ、こんなところにも道があったのか」と意外なルートや抜け道が見つかるものだ。**

一部上場の大手メーカーの人事部で、リストラ解雇に大ナタをふるう嫌な役どころを任された知人がいた。社内からは「スパイ」呼ばわりされ、忌み嫌われ、それでも会社の再建のためにと心を鬼にして馘首《かくしゅ》のリストを作り続けた。そしてリストラがひと段落し、やれやれと思った矢先、子会社への出向を命じられた。

「これが会社のために泥をかぶり続けた者への報いか」

彼は憤然と辞表を叩きつけ、その会社を辞めた。いま彼は、知人の伝手《つて》もあって関東近県の中堅メーカーで人事部門の要職にある。「人減らしは会社の土台を崩す。末端の社員一人ひとりまで全社一丸となって困難に立ち向かえる経営を」と訴え、その会社に迎えられたのだという。彼は「雇用を大事にする会社でよかった」と言い、こう続けた。

「もう十分我慢してきた。残りの会社人生は、ありのままの自分で生きたい。凛《りん》としたサラリーマン人生を全うしたいのだ」と。

「裏をみせ　表をみせて散るもみじ」（良寛《りょうかん》）――。そんな心境に至ったのだと思う。

人生に正解はない。数学のように絶対不変の解答などないのだ。だから、つまずいたら別の道を探せばいい。そして、それまでとは別の場所に新しい花を咲かせばいいのである。

いまでも「自分の可能性」を信じているか？

中高年ライダーが増えているという。日本自動車工業会の調べ（二〇〇六年）によると二輪車ユーザーで最も多いのは「五十歳以上」で、四十歳代と合わせると実に約六割が中高年ライダーだそうだ。逆に若者世代の落ち込みが目立ち、十歳代は八％しかいない。

先日もテレビのニュースを見ていたら、最近はバイクショップを訪れる団塊の世代がぐんと増えて、彼らをターゲットに、かつての名車の復刻版も発売され、なかなかの人気だとレポートしていた。「若い頃はお金がなくて手が出なかった憧れのバイクにいまなら乗れる。欲しい、乗りたい！」、そんな定年世代が増えているのだろう。いまやバイク市場を支えているのは、若者ではなく、完全に中高年のオヤジたちなのである。

数年前だが、そんなオヤジライダーたちにエールを送るような元気の出る映画を観た。「世界最速のインディアン」（二〇〇七年公開）――。英国の名優アンソニー・ホプキンスが、バイクの世界最速記録に挑んだ実在の男を演じたヒューマン・ドラマだ。

主人公の名は、バート・マンロー。ニュージーランド南端の小さな町に暮らす六十三歳のバイク乗りだ。二十一歳のとき手に入れた「一九二〇年型インディアン・スカウト」を高速マシンにすべく四十年以上も改良し続け、ついに一九六二年、米国ユタ州ボンヌビルの記録会「スピードウィーク」に出場し、世界最速に挑むというストーリーだ。

妻と離婚した彼は、一人身の年金暮らしで、おまけに狭心症と前立腺肥大の持病を抱えている。バイクにしろ車にしろ世界最速をめざすようなマシンは例外なく、とんでもない大金がかかる。主人公には、そんなお金など、どこをどう探しても出てこない。

そこで彼は、必要な部品は全部自分で手作りする。たとえばオイルキャップにブランデーのコルクを使ったり、旧式の車（シボレーとフォード）のピストンを溶かして新たにオリジナルのバイク用ピストンを作ったりする。タイヤの溝も自分でナイフで入れる。バイク好きなら、これらのシーンを観るだけで一発でノックアウトだろう。

当時でも骨董品レベルのバイクで「スピードウィーク」の会場に現れたバートを見て、大会スタッフは「前代未聞のポンコツ」と鼻で笑う。しかし、本番の最高速アタック（一〇〇〇cc以下）で、バートは参加者の度肝を抜く、とてつもない記録を打ち立てる。

時速約三〇〇キロ！　実在のバートは、七十歳過ぎまで記録を更新し続け、その記録はいまも破られていない。映画のなかでバートはぽつりと言う。

「夢を持たない男は野菜と同じだ」

一生をかける夢を見つけられる人は、そう多くはないだろう。たとえ見つけられたとしても、何らかの事情で諦めざるを得ない人も少なくないと思う。

だからこそ、何の気負いもなく、まっすぐに自分の夢を信じ、世界最速をめざしてインディアン・スカウトを改良し続けるバートの姿に、多くの人が感動する。自らの好奇心と四十年以上も向き合い続ける愚直な誠実さに心を打たれる。

とにかく教えられることの多い映画だ。独りは怖いか？　貧乏は怖いか？　失敗は怖いか？――。主人公の生き方は、私たちにそんな素朴な問いかけをしてくる。その答えを私たちが自身に求めるとき、なかには自分の可能性を信じ、胸の奥にしまい込んでいた夢をいま一度追い求める勇気を奮い起こす人もいるかもしれない。

この映画を観た二十歳代の編集者が言っていた。

「じいさん、カッコいいですよねえ。あんなふうに生きられたら最高だろうなあ」

まさに年代物のビンテージ。古酒のごとく熟成された、いい味を出しているのだ。

ニュージーランドから米国ユタ州ボンヌビルにたどり着くまでのロードムービー仕立ての部分も、主人公の人柄がよく出ていて心温まるものがあってよい。定年世代にお勧めの一本だ。

「身の丈に合った幸せ」こそ最高の生きるコツ

京都の古刹《こさつ》、龍安寺《りょうあんじ》といえば、禅の心を表す石庭で有名だが、その石庭の裏手に水戸光圀《みとみつくに》公が寄進したという石造りの銭形の手水鉢《ちょうずばち》がある。「蹲踞《つくばい》」といい、そこには時計回りに「吾唯足知」（吾《われ》、唯《ただ》、足るを知る）の文字が刻まれている。

これは、「知足の者は貧しといえども富めり、不知足の者は富めりといえども貧し」という禅の言葉からきているそうだ。足りないものをさらに追い求めるのではなく、すでにあるものでよしとする。欲望を自制し、分をわきまえることの大切さを説いたものだ。

際限のない欲望を戒める言葉は、昔から多くの賢人が残している。

『老子』には「知足者富」（足るを知る者は富む）とあるし、江戸中期の儒学者中根《なかね》東里《とうり》は「水を飲んで楽しむ者あり。錦《にしき》を衣《き》て憂うる者あり」と言った。また、かのアリストテレスは「幸福は自ら足れりとする人のものである」と残している。

あれも欲しい、これも欲しいと欲をかかない、ないものねだりをしない。足るを知り、人生のあらゆる場面で「ほどほどでよし」とすれば、自ずと人生は楽しくなる。

本来、日本人はそのように生きてきたし、身の回りの小さな幸福に喜びを見出してきた。それがいつの間にか欲望を肥大化させ、小さな幸せ、楽しみを顧みなくなった。

これは物質的な豊かさもさることながら、「頑張れば何でもできる」式の多幸症（ユーフォリア）的な幸福感が、メディアを通じてばら撒《ま》かれてきたことと無縁ではない。

世の中にはいくら頑張ってもかなわないこともあるが、それでも頑張れば、「ミュージシャンになれる」とか「ベンチャー起業家になれる」とか「都心の高層マンションに住める」とか「老後は海外でロングステイできる」などと聞かされ続けると、ついその気になり、どんどん幸福のレベルを上げたり、サイズを大きくしてしまう。

結果、大きな幸福を夢見て、破れ、不幸になる。幸福は追い求めすぎると、何が幸福なのか、幸福そのものが見えなくなる。都心にマンションを買うために、夜、照明もつけないで電気代を節約するなど徹底的なケチケチ生活をしている一家をテレビで見たが、都心のマンション暮らしというのは、そんな思いをしてまで実現すべき夢なのだろうか。

何も「夢を見るな」などと野暮なことを言っているのではない。企業のマーケティングにあおられて、本当に自分が望んでいるのかどうかも怪しいような「とてつもない夢」を追いかけさせられている人が、多すぎるような気がする。

また昨今、自ら命を絶つ人が後を絶たない。経済状況などの社会的な背景をもって語られることが多いが、あまりにも肥大化した幸福願望の裏返しとして、夢破れたと感じたとき、無限大の悲しみや絶望に襲われ、心が押しつぶされてしまうケースもあるのではないか。

やりたいこと、やり遂げたいこと、かなわないこと、諦めざるを得ないこと――。幸福のレベルやサイズは、たぶん、その人の器量とイコールになるようにできている。

五十歳代半ばから考えるべきは、定年後に向けて、身の丈に合った幸福をいかに手に入れるかだ。背伸びはいただけないが、できるのに尻込みをすることはない。やりたいことがあるなら、後に悔いを残さないように、迷ったら「する」を選ぶ。

いずれにしろ、幸せは探すものではない。自分の心が創り出すものだ。

私の事務所の近くの公園に、天気がよければ、ほぼ毎日、一時間ほどベンチで本を読んでいる七十歳代後半とおぼしき男性がいる。顔見知りの少年や犬の散歩のご婦人などがやってくると、ひとしきりおしゃべりをする。そんなときの男性は、とても嬉しそうだ。

足るを知れば、人生は楽しい。

ブランドものなど持たなくても、海外旅行になど行かなくても、スーパーで買ったポロシャツを着て、近所を散歩し、ベンチで本を読む——。それだけで十分幸せな人もいる。他人がどう思おうと、自分が幸福ならそれでいいのだ。

「オレの人生、そこそこには楽しめたかな」、そう言って幕を引けたら御《おん》の字ではないか。

余計な義理など、きれいさっぱり捨ててしまえ

年を取れば、自分の持ちタイムは徐々に減っていく。気力や体力も衰えていくし、預貯金の残高も減っていく。親兄弟や連れ合い、友人など周囲の人間も少なくなっていく。老いというのは、生きるのに必要な「人生の資源」がだんだん枯渇していくことなのだ。

であればこそ、残された人生の資源は、大事にしないといけないし、有効に使うべきだろう。それには、**「本当に自分が大切にしたいものだけを大事にする。いらないものは思い切って捨てる」**、そういう心がまえというか、覚悟のようなものが必要だと思う。

それで思い出すのは、往年の名女優、高峰秀子さんが雑誌に語っていた捨てっぷりの見事さだ（「アエラ」一九九七年九月一日）。高峰さんは五十一歳になったとき、この先いかに美しく老いるかを考えるようになったという。そして五十五歳で惜しまれ

ながら女優業を引退すると、六十二歳のとき、大きな自宅を三間の家に改築し、家財道具の一切合財を夫婦の分だけ残してすべて人にやったり、売ったりして処分してしまったのだそうだ。

何しろ、ご主人で映画監督の松山善三さんが「オレのことも捨てるつもりか」と疑ったというのだから、いかに凄まじい捨てっぷりだったかわかろうというものだ。

高峰さんは、そうやって不要なものを徹底的に捨て去ることで、「大きな自由と、さっぱりとした気分を手に入れた」と述べている。そうすることで、心の中の余計なもの――たとえば、それまでの義理やしがらみなど――も、バッサリ切り捨て、残された人生の資源を大事に使うための、何ものにもとらわれない自由な心を手に入れたのだと思う。

そう言えば、定年を機に「これからは義理を欠く」と宣言した友人がいる。

「義理だけで出していた年賀状や暑中見舞いはもうやめる。中元歳暮も贈らない。その代わり親しい人にはまめに電話をしたり、手紙を書いたりする。仲のいい友だちには海外に行ったとき土産の一つも買ってくる。中元歳暮が届いたら礼状だけ書いて、お返しはしない。そうすれば、相手も察してくれるだろう。冠婚葬祭も顔を出すのは葬だけにする。後は勘弁してもらう。人からどう思われようが、かまわない。世間のしがらみ、面倒な親戚づきあい、そんなものに煩わされるのはもうたくさんだ」

　現役のうちは義理やしがらみを断ち切るのは難しい。しかし、定年後はいつまでも義理立てすることはないし、放っておいても三年もすれば、会社関係のしがらみなどは自然と薄くなる。だから定年を迎えたら、サッサと義理など欠けばいいのだ。

　友人はそうやって「義理欠き宣言」をする一方で、「暮らしの無駄を一掃し、シンプルライフに徹する」と言って、高峰さんのように家の中の不用品を片っ端から捨てていった。彼は読書家でかなりの蔵書があったし、親から受け継いだ書画骨董の類《たぐ》いもあった。それらをほとんど売るなどしてきれいさっぱり処分したのだ。

「定年後は一日中、我が家が生活の拠点になる。そこで物置代わりになっていたかつての子供部屋を我が根城にすることにしたのだが、とにかく本や書画骨董などのガラクタの山だった。ストレスのない快適な空間にするには、それらを捨てる以外になかった。本は手元に置いておく必要はない。読みたい本があれば、図書館に行けばいい。書画骨董の類いにしたって我が家にあったのは人様に見せるような立派なものじゃない。そんなものを後生大事に持っていたって仕方がない。優れた芸術に触れたくなったら、美術館や博物館などへ足を運べばいいのだ」

モノを捨て去れば、人はがらんどうの空間で己の裸の心と向き合うようになる。草庵にも似た簡素な空間を手にした友人は「精神的に豊かになったような気がする」と言う。

無駄を一掃したシンプルライフなどというと、それこそ庵《いおり》で座禅を組む修行僧のようだが、友人の場合はちょっと違う。暮らしにメリハリがあって、自分の居場所はがらんどうでも、たまにはクラシックのコンサートに行ったり、「友人への手紙はいい万年筆で書きたい」と輸入物の高級品に大枚をはたいたり、年に一度は大好きなマレーシアに一カ月ほど旅行に行くなど、自分にとって価値があるものには惜しまずお金を使う。

モノに執着せず、捨て去ることと、ときには贅沢《ぜいたく》を惜しまない心とは、一見すると矛盾するようだが、そんなことはない。無駄をそぎ落とし、自分にとって本当に大事なことは何かを見つめ直したからこそ、そういう心の贅沢ができるのだ。

無駄をそぎ落としていけば、本当の自分に出会えるし、一番自分らしい生き方ができる。定年後の人生は、そのように生きられる最初で最後のチャンスなのだ。

「ハゲが似合う人はハゲになる」という法則

年を取れば、あちこちガタがくる。足腰が弱る、視力が衰える、記憶力が落ちる、シミやシワが増える、食が細る、あちらのほうの元気がなくなる、髪の毛が寂しくなる……。

しかし、それは当たり前のことで、何もことさらに悲しむようなことではない。

作家の邱永漢《きゆうえいかん》さんが、ハゲについて軽やかに語った一文がある。

ハゲを気にするのは、年齢と風貌の釣り合いがとれない間だけのことであって、うすくなった毛髪に年齢が追いつくと、やがて髪のうすいことは忘れるようになる。ある時、佐藤春夫先生のおたくで、何かの拍子にハゲの話になった。そうしたら、佐藤先生は、「ハゲの似合う人はハゲになるし、白髪の似合う人は白髪になるものだよ。そして最後に行き着くところは皆、同じだよ」とおっしゃって大笑いになった（『死ぬまで現役』ＰＨＰ文庫）。

川が逆流することはあっても時間が元に戻ることはない。**失った若さを嘆いたり気に病むより、残された時間をいかに有意義に過ごすかを考えるほうがずっと健康的だ。**

その際、「残された時間はあとこれしかない」と急き立てられるように「何かしなければ」と考えるのはよくない。「まだこれだけあるじゃないか」と与えられた時間に感謝しつつ、今日一日を精いっぱい大事に生きるようにしたい。

作家の藤本義一さんは、「余命」は「与命」、「余生」は「与生」と考えればいいのではないかと言っている（『六十歳から好きなように生きよう。』大和書房）。ものは考えようで、そうした置き換えができれば、一日一生の気持ちになれるのではないか。

人というのは、老いれば、嫌でも動きは鈍くなるものだが、歩いたり、考えたりするメインの身体機能は、若いときと比べて極端に劣化するわけではないという。むしろ齢《よわい》を重ねることで身についたり、得られたりするものもある。人の使い方や人を見る目、経験、勘、欲のなさなどは最たるものだろう。

ゴルフなどは、しばしば年を取ってからスコアが伸びるが、おかしな欲や気負いがなくなり、リラックスして自然体のスイングができるようになるからだろう。

私の友人は膵臓《すいぞう》ガン、胃ガンなどの手術を受け、内臓を四つくらい取ってしまったが、それでも術後、元気になってゴルフコンペに出場、優勝してしまった。スイングに力を入れなくなったので、以前よりボールが飛ぶようになったという。やはり、自然体がいいのだ。

「老木になっても花は散らない」、世阿弥《ぜあみ》はそう言った（『風姿花伝《ふうしかでん》』）。実際、第一線を退いてから、活躍したり、大成した人物は、歴史上いくらでもいる。

四千万歩を踏破した伊能忠敬《いのうただたか》（一七四五〜一八一八年）もそうだ。入り婿として下総《しもうさのくに》国佐原《さわら》（千葉県香取市）の老舗の醤油屋の立て直しに成功した忠敬は、五十歳で長男に家督を譲ると江戸に出て、幕府天文方高橋至時《よしとき》に師事し、暦学、天文を修めた。

その後、蝦夷地への測量をはじめとして一八〇〇年から一八一六年まで日本初の実測による全国測量を実施した。幕府天文方の手で「大日本沿海輿地全図《だいにほんえんかいよちぜんず》」が完成するのは忠敬の没後三年、一八二一年のことだ。

老いは気力も体力も奪うのが普通だが、楽隠居して当然の年齢で全国を測量して歩いた忠敬は、もともと体が丈夫なほうではなかったという。

それでも歴史に残る偉業を成し得たのはなぜか。人並み外れた好奇心もさることながら、老いて失うものを補って余りある、それまでに得たもの、積み上げてきたものがあったからではないか。

たとえば、子供の頃より算術が得意で商いを通じてさらにそれを磨いていた、利根川の堤防修築などを通じて測量や地図作りを経験していた、佐原は商取引が盛んで江戸からもたらされる西洋の学問などさまざまな情報に通じていた、等々だ。

全国を測量して歩くには何人ものスタッフを使う。彼らを束ねて気持ちよく働いてもらうには、商いを通じて身につけた人使いの妙も大いに役に立ったはずだ。

入り婿での鬱憤《うっぷん》こそが忠敬の偉業をなさしめたとするワイドショー的な説もあるようだが、もしそうした要素があったとしたなら、それはそれで家督を譲るまでの時間は無駄ではなかっただろう。本意でないことに膨大な時間を費やしたからこそ、五十を過ぎてなお学問を吸収する力と、長期にわたる測量活動を続ける精神的なスタミナ(＝病弱な体をカバーする力)を得ることができたのではないか。

何かを失うのは辛い。そんなときは代わりに何を得ているか考えよう。**何かを失うことは何かを得ることだ。**失うばかりの一方通行はない。必ず何か得るものがある。それを大事にする。そうすれば、自ずと道は開けるものだ。

無理をしない、見栄を張らない、頑張りすぎない

「あの男はいい加減なやつだ」「いつまでくだらん無駄話をしてるんだ。いい加減にしろ」――。「いい加減」という言葉は、否定的な意味で使われることが多い。

しかし料理の味やお風呂の温度などは、それが「ほどよい」「ちょうどいい」状態のとき、一転して「いい味加減です」「いい湯加減です」などと肯定的な意味で使われる。「スイカ、冷えてる？」と聞かれて、「いい加減に冷えてるよ」などと答えるのもそうだ。

もともと加減とは、足したり引いたりすることだ。塩と梅酢の加減を「塩梅《あんばい》」というが、加減とはまさにそういうことで、その結果、「ほどよい」状態が、「いい加減」であり、「いい塩梅」なのだ。プラス・マイナスのどちらかに振れすぎていないこと、ちょうどいいバランスが取れていること、と言い換えてもいい。

しかも、その「いい加減」は、人によって違う。Aさんにとってはちょうどいい湯

加減でも、Bさんにとっては熱すぎたり、Cさんにとってはぬるすぎるかもしれない。作家の五木寛之さんは『こころ・と・からだ』（講談社）の中で、「百万人の人間がいれば、百万の真実があり、百万の〈いい加減〉がある」と書いている。

料理の味もお酒の量も夢の大きさも、何をもって「いい加減」とするかは、まさに千差万別、万人万色で、その人次第なのだ。だからこそ、その人に合った「いい加減」な生き方が必要になるのだが、案外、これが難しい。もとより横並びの国民性ゆえ、ついつい他人の顔色をうかがい、背伸びをしてしまいがちだからだ。

人生、前向きにプラス発想で生きるのはとても大事なことだが、過ぎれば、加減のバランスが崩れてしまう。プラス発想のできない人はまるでダメ人間であるかのような昨今の風潮は、人によってはマイナス思考への恐怖心すら植えつける。

「オレの人生、こんなものじゃない」と後ろを振り返らず、ひたすらプラス発想で山を登り続けるのはいいが、自分の力量を見誤ると、自分だけの未踏峰を極める前に、足を踏み外して、真っ逆さまに谷底へと転げ落ちてしまうかもしれない。

「蟹《かに》は自分の甲羅に合わせて穴を掘る」という。定年世代にとって大事なのは、自分の身の丈に合った定年後の生き方を考えることだ。

それには**無理をしない、見栄を張らない、頑張りすぎないことである。**

以前、登山家の田部井淳子さんが、中高年登山者は「年配になると結構頑固で、特に男性の方は、若いリーダーの言うことを聞かないで頑張りすぎてしまう」と新聞で警告を発していた（「東京新聞」二〇〇七年六月二一日）。

そのうえで、①自分の体重やザックを重たくしない、②競争をしない、③自慢をしない、の「しない三原則」を心がけるべきだと説いている。自分の力量に合った「いい加減」の山登りの勧めである。

田部井さんの助言は、そのまま定年世代へのアドバイスになる。①の体重やザックは「定年後に背負うもの」と置き換えられる。借金は返してしまったほうがいいし、フリーターの息子などはさっさと就職させるに限る。競争や自慢を慎むのも大事だ。

登山が趣味の四十歳代のライターがこんなことを言っていた。

「定年退職してせっかく自由を手に入れたのに、まるで誰かと競うように日本百名山の全山制覇をめざす人が少なくない。本当の山好きは惚れ込んだ山に何度も登る。一度登ればよしというスタンプラリーみたいな登山は本当の山好きのすることではない」

けだし名言ではないか。

いずれにしろ、「いい加減」のバランスは、自分の許容量を超えるとたちまち崩れてしまう。真面目すぎる人は、限界を超えて頑張りすぎる傾向があるので、特に注意が必要だ。真面目に生きるのは素晴らしいことだが、過ぎれば、必ず心身にダメージを与える。鬱病や心臓血管系の病気などになりやすいのは、真面目すぎる人が多いらしい。

無理をしないで、「いい加減」「いい塩梅」の生き方をしてほしい。

ただのお古になるな。ビンテージになれ！

六十歳定年の年から私はもう十年以上過ぎている。この年になると大学時代の同級生はほとんどリタイアしている。

一部上場の大企業でバリバリに活躍していた男が多いが、同窓会などで久しぶりに会って話題になるのは孫と年金と病気の話くらいのもの。すっかりご隠居さんで、財布が気になるのか、一次会が終われば、さっさと帰っていく。

かつて世界を相手のビジネスを自慢げに語り、「二次会は銀座だ！」と羽振りのいいところを見せていたのが、嘘のようだ。駿馬《しゅんめ》も老いれば駑馬《どば》に等し。みな無聊をかこっているのが手に取るようにわかる。

しかし、なかには、「あいつ、年を取ってもカッコいいな」と思う男もいる。

元商社マンの旧友は、学生時代、ジャズバンドを組んでいて、ウッドベースを弾いていた。就職してからは休日などに触れる程度で人前で演奏したことは一度もなかったそうだが、定年を機に昔のバンド仲間がまた集まり、たまにライブなどをしているのだという。

「いい年だからね、昔のようなわけにはいかない。でも、味のある音は出せる。福祉関係の施設とかに頼まれて出前の演奏に行ったりもしている。けっこう楽しいよ」

人に見られる生活をしていると、人間、顔つきがしまるというが、まさに彼がそうだ。ご隠居さんの枯れた、脱力した感じがない。何よりおしゃれだ。チノパン、スニーカーにラフなシャツとジャケットがよく似合う。髪はだいぶ寂しくなったが、白髪交じりの髭《ひげ》を口と顎《あご》にたくわえ、これが何とも渋い。

誰かに似てるな、誰だっけ？――。

しばし、記憶をまさぐり、思い至った。そうだ、いまは亡きドリフターズのリーダー、いかりや長介さんだ。彼が亡くなる少し前、ビールのＣＭでエレキのアップライト・ベースをカッコよく弾く姿が話題になった。晩年のいかりやさんは、渋い俳優のイメージが強かったが、もともとはビートルズの前座を務めるほどのミュージシャンだった。

「ドリフのチョーさんみたいで、カッコいいじゃない」

そう言うと、旧友は、嬉しそうにこう返した。

「同じベーシストということもあったんだろうけど、チョーさんはチャールズ・ミンガスが大好きだったんだってさ。実はオレもミンガスが好きでね。そんなこともあって、チョーさんはオレにとって憧れなわけよ。ただのお古じゃない、年代物のよさ、渋さがあっただろ。ビンテージだよね。ああいう年の取り方をしたいよな」

ビンテージとは、もともと良質のブドウが収穫された年に造られた極上のワインを指す言葉だが、いまでは車やオーディオ、ファッションなど幅広い分野で、「長い年月を経て、味わいを深めた価値ある年代物」といったニュアンスで使われることが多い。

たとえば、日本の大衆車は、八年も乗れば下取り価格はゼロである。一方で五十年も前に作られたジーンズが、一本何十万円もの値段で取引されている。

古くなれば、普通、モノは劣化し、減価する。だが、なかには、古くなるほどに味が出て、逆に価値を高めるモノもある。

よく日本酒ほど新酒でうまい酒は世界を探してもないという。しかし、その日本酒も最近ではじっくりと寝かせた古酒の人気が高い。長い年月をかけて熟成させることで、味も香りもまろやかになり、深みが増すからだ。

人間も同じではないか。**定年後、秋枯れの木立のように打ち沈む人もいれば、年代物の味わいがどんどん出てくる人もいる。**それは、仕事であれ、趣味であれ、生涯の楽しみや生きがいを持ち得たかどうかの違いだろう。

ただのお古になるな、ビンテージになれ――。

車なら中古車ではなくクラシックカーになれ――。

古酒のごとく熟成された、いい年の取り方をしたいものである。

2章

おしゃれを忘れた中年は寂しくなる

〝悠々自適〟を楽しむ7つの条件

定年後をもっと楽しくする「バカになるコツ」

九十七歳で大往生を遂げた異端の俳人、永田《ながた》耕衣《こうい》さん（一九〇〇〜一九九七年）に「少年や六十年後の春の如し」という不思議な句がある。七十歳のときの作で、世上、耕衣さんの代表句とされるが、すこぶるつきの難解句で、さまざまな解釈がある。

私はズブの素人だが、これは「少年＝春、老年＝冬」という世間の常識へのアンチテーゼであり、「人は六十年後に再び無垢《むく》な少年の心を取り戻すのだ」と、老いを前向きにとらえた句ではないかと勝手に思っている。

耕衣さんという人は実に面白い人で、大手製紙工場のナンバースリー（部長）にまで出世するが、五十五歳で定年を迎えると、以後、好きだった俳句や書にたっぷりと人生の情熱を注ぎ込み、やがて遅咲きの大輪の花を咲かせていく。

耕衣さんにとって人生とは、定年からが本番だった。その生き様に惚れ込んだ作家の城山三郎さんは、『部長の大晩年』（新潮文庫）という人物評伝を綴《つづ》った。

城山さんは書いている。「耕衣は第二の就職もしないのに、退屈知らず。退屈している間がなかった」と。そしていつまでも気分は若く、老いて斑《まだら》なシミが顔にできれば、「老斑《ろうはん》を夏日晒《さら》しの童かな」と笑い飛ばし、あちらのほうがすっかり元気がなくなれば、「老いぬれば股間も宙や秋の暮」と軽やかに受け入れてみせた。

自ら老いに突っ込みを入れ、ボケ倒して遊んでしまう。天晴《あっぱ》れだ。城山さんは「〈こんなに遊ばれちゃ、かなわない〉と、〈晩年〉の方から苦情が出そうだ」と書いているが、耕衣さんには晩年と遊べるだけの、子供のようなピュアな心があったのであろう。

俗に人は年を取ると子供に戻るなどという。性生活の衰えがそうさせるなどという説もあるようだが、本当のところは、**仕事を離れ、世間のしがらみと関係のない、言ってみれば、子供の頃と同じような境遇、心持ちに戻れるからではないか。**

そう言えば、南宋の詩人陸游《りくゆう》は「書適《しょてき》」でこう詠《うた》った。

老翁垂七十　老翁　七十に垂《なんな》んとするも、
其實似童兒　其《そ》の実《じつ》　童児に似たり

（松枝茂夫編『中国名詩選（下）』岩波文庫）

ただし、年を取れば、誰もが子供の心に戻れるのかといえば、そうではない。老いて子供の心に戻れるのは——あるいはいつまでも子供の心を失わないのは——何にでも興味を持って、くだらないことでも面白がれる人だ。好奇心旺盛がいい。

子供というのは、見ていると、「いったい何が面白いんだ?」とあきれてしまうほど、実にどうでもいいような、くだらないことに夢中になるものだ。自分の少年時代を思い返してみれば、誰でも思い当たるフシの一つや二つはあるだろう。

こんな知人がいる。奥さんがスーパーで買ってきたニンジンに一センチほど葉っぱが生えていた。「これを土に埋め戻したらどうなるんだろう?」と考えた彼は、自宅マンションのベランダに大きなプランターを置き、園芸用の土をたっぷり入れ、そこに埋めた。それから三週間。毎日、水をやっていたら、葉っぱがみるみる伸びてきたのだという。

「あのニンジンは、どこかの畑でとれてから、あちこち運ばれて、スーパーの店頭に並び、うちに来てからも冷蔵庫に二週間も放り込まれていたんだよ。それでも生きてる。感動するよね。成長記録をデジカメで撮り続けてるんだけど、この先どうなるのか、すごい楽しみ。もっとも女房には、何バカなことやってんのって、あきれられてるけどさ」

嬉々として語る姿は、朝顔の成長記録を夢中になってつけている小学生のようだ。

定年後を楽しく過ごすにはお利口になったらダメで、この知人のように、くだらないことを真面目に面白がれる、いい意味での「バカ」にならないといけない。

子供のような「馬鹿力」こそが老いを楽しいものにするのである。

憧れの「悠々自適な趣味三昧」は、もって3年!?

二十歳から六十歳まで一日八時間労働で働いたとして、計一一万六八〇〇時間。定年後、睡眠時間八時間を引いたとして六十歳から八十歳まで自由になる時間が一一万六八〇〇時間。同じなのだ。つまりこれだけの時間が定年後、まったく自由に使える時間になる。第二の人生を豊穣なものにできるかどうかは、この膨大な時間をどう過ごすかにかかっている。

定年後の過ごし方をたずねると、よく「いままでやりたくてもできなかったことを思い切りやりたい」という答えが返ってくる。「あれもやってみたい、これもやってみたい」と悠々自適の退職後に思いをめぐらす。さながら旅行の前の心境だ。

そして、いざ定年を迎えると、まずは「退職記念に」と妻と海外へ旅行に出かける亭主族が多い。旅行好きなら、その後も国の内外を頻繁に旅して歩く。最初は楽しい。「これこそ思い描いていた第二の人生だ」と嬉しくて仕方がないだろう。

ところが、二、三年もすると、行きたいところはあらかた行きつくして、だんだんネタ切れになってしまう。特に海外は、同じ場所に何日か滞在していると、お互いやることもないし、話すこともなくなってしまう。

夫婦どちらかが英語やスペイン語や中国語など現地の言葉が話せるなら、ガイドブックに載っていない穴場の観光地などに二人して足を運ぶこともできるが、そうでないとツアー参加だからお仕着せの旅、退屈で困ってしまう。これはどんなに仲のいい夫婦でもそうだ。冷め切ったスープのような夫婦であれば、かなり辛いだろう。

それこそ何十年も「メシ、フロ、ネル」ですませてきたような夫婦であれば、毎日、顔をつき合わせての旅は、想像以上に忍耐を要する。それなりの覚悟が必要だし、よほどの寛容さがないと――さらに言えば、少しばかりの敬意と感謝の気持ちがないと――互いの嫌なところを再確認するだけの苦々しいものになりかねない。

ともあれ、**どれだけ楽しみにしていたことでも、そればかりやっていたら、人間、誰でも飽きるものだ。**これは何も旅に限った話ではない。ゴルフも温泉もグルメも同じ。美食も続けば何とやら。「ナントカ三昧《ざんまい》」の生活は、最初のうちは楽しいが、二、三年もすれば、誰でも食傷気味になる。早い人なら、それこそ半年でお手上げかもしれない。

知人に一〇〇〇ccの大型バイクを乗り回す男がいる。「定年退職したら、こいつでツーリング三昧の日々を過ごすのが夢」と言っていたが、いざ定年を迎え、念願のバイクと戯れる生活が始まったら、半年もしないうちに飽きてしまったという。

「あんなに楽しみにしていたのに、どうしたんだ?」

と聞いたら、こんな答えが返ってきた。

「僕にとってのバイクは、結局、仕事のストレス発散だったんですよ。忙しい仕事の合間をぬって箱根や軽井沢まで走りに行くから楽しかったんで、ボケーッとした毎日ではストレスも何もないでしょう。走っていても会社勤めをしていたときのようなスカッとした爽快感や解放感がないんですよ」

なるほどな、と思った。知人にとってのバイクは、仕事あっての楽しみで、それを定年後の無聊を慰める手段にしたものだから、途端につまらなくなってしまったのだ。

趣味とは、長く続けても飽きないもの。その意味では知人にとってのバイクは、趣味というより、仕事を忘れるための手立ての要素が強かったのかもしれない。

「楽隠居、楽に苦しむって言いますけど、バイクに飽きちゃったら、やることがなくてねえ。こうなると、定年後の安楽な生活というのは、思いのほか退屈で、ときには苦痛ですらある。いやあ、こんなにやることがないとは思わなかった。参りました」

知人はそう言って苦笑した。自分には趣味があると思っていても、それが定年後も長く楽しめるとは限らない。知人のバイクの話は、そのことを教えている。

あの頃の「好奇心」を取り戻すコツ

知人の高校生の息子さんは、ＪＲのすべての路線と駅名を覚えている。その数、実に五〇〇〇以上！　なぜそんな芸当ができるかといえば、電車が大好きだからだ。好きこそものの上手なれで、人並み外れた好奇心を持ち、「電車って面白い！　駅名って面白い！」と思ったからこそ、とてつもない数の路線と駅名を覚えられたのである。

これは仕事でも勉強でも何でもそうだ。興味を持って取り組めば、理解も早いし、面白さも増す。成果にも結びつく。そして、このことは科学的にも証明されている。

記憶法で有名な小田全宏《ぜんこう》さんが編者になっている『図解「絶対記憶」メソッド』（ＰＨＰ研究所）によると、記憶の鍵を握るのは脳の中にある「海馬」と「扁桃体」だという。海馬というのは脳の真ん中あたりにあるタツノオトシゴみたいな形をした器官で、最初に情報が取り込まれる場所。その横にあるのが「扁桃体」で、こちらは感情を司る器官だ。これが「へぇ！」とびっくりしたり感動したりして震えると、海馬はそれを重要情報と考え、記憶に回すのだそうだ。

つまり**記憶というのは、好奇心が旺盛で、いろいろなことに興味を持って「へぇ！」と面白がれる人ほどいいし、活性化するのである。**逆に言えば、好奇心が弱く、何事も楽しめないタイプの人は、記憶力がどんどん低下し、ボケてしまう恐れがある。

そう思って我が身を振り返ってみると、ゾクッとする人が多いのではないか。

人間、五十歳代も半ばになると、「あの人、ほら、あれだよ、あれ」などとすぐに人の名前が出てこなかったり、「オレ、何をしようと思ったんだっけ？」などと、たったいま、しようとしたことが思い出せなかったりする人が増えるものだ。

小田さんの本によれば、これは好奇心が弱まり、扁桃体が震えるような刺激的な情報が減ってしまうからだ。海馬は扁桃体が震えるような刺激的な情報こそ重要だと判断して記憶に回す。刺激的な情報が減り、記憶に回される情報がどんどん少なくなると、記憶の受け渡しをする髭のような器官が退化してしまい、記憶力の低下をもたらすのだ。

では、なぜ好奇心は失せるのか。これにはさまざまな理由が考えられるが、一つには年を重ね、さまざまな経験を積むことで、だんだん初物にお目にかかることが少なくなり、感受性が鈍ってしまうのが大きいのではないだろうか。

鈍った感受性をいま一度研磨し直すには、①発想の転換をする、②やったことのないことにチャレンジする、③やりたくてもできなかったことに挑戦する、の三つの方法を試してみるといい。感受性はもとより、好奇心も蘇《よみがえ》るのではないかと思う。

発想の転換であれば、たとえば、春のお花見。何十年も桜を見続けていれば、いまさらお花見でもないだろうという気持ちもわからないではない。私もそうだった。だが数年前、大病を患ってからは「あと何回、桜の開花が見られるのだろう」と思うようになった。そういう思いで見る桜は、このうえもなく美しく、鮮やかな生命の輝きに満ちていた。

作家の山田風太郎さんは七十二歳のとき、「晩飯を食うのもあと千回くらいなものだろう」と考え、『あと千回の晩飯』（朝日文庫）という本を書いた。そう思えば、一杯のご飯にもありがたみがわくし、たくあん一切れだってよく味わって食べるようになるだろう。

料理、日曜大工、陶芸、油絵、水泳、登山……。それまでの自分なら絶対にやらないようなことにチャレンジしてみるのも面白い。人は多かれ少なかれ食わず嫌いなところがあるものだ。実際にやってみたら、「こんなに面白いとは思わなかった」と、案外、性に合ってはまるかもしれない。「ピアノが弾けたら」「英語ができたら」「大型バイクに乗れたら」……。それまでやりたくてもできなかったことに挑戦するのもいいだろう。

そう言えば、不整脈を患っていた知人は、彫金に興味を持ち、それをコツコツと始めた途端、不整脈が治ってしまった。医者は「好奇心が病気を治した」と言ったそうだ。おそるべし、好奇心。

無駄を楽しめ！　そこに大切な何かが埋まっている

かつては用もないのに社内をうろついている人間がいたものだが、最近はとんと見かけなくなった――。以前、日本経済新聞夕刊（二〇〇七年五月八日）の「こころの健康学」で慶応義塾大学保健管理センターの大野裕《ゆたか》教授が、そんな指摘をしていた。

たしかに私のいた新聞社にもそんな人間がいた。彼らはサボっているように見えて、職場の潤滑油になっていたり、情報通としてどこに根回しをすればいいかなど貴重なアドバイスを提供したりしたものだ。ある会合の後で、これを話題にしてみた。

参加者の一人は、原因は成果主義にあるのではないかという。

「協調性などクソ食らえのギスギスした空気が支配する成果主義の職場では、とてもではないが、自分の評価が気になって、のん気にかまえてなんかいられない。もしそんなことをしていたら、無用な存在と見なされ、たちまちリストラの対象になるに違いない。成果主義こそが〈職場のうろつき社員〉を絶滅危惧種《ぜつめつきぐしゅ》に追いやったのだ」

それを受けて別の人は、ＩＴ（情報技術）の進展も大きいのではないかと続けた。

「パソコンが普及し、インターネットの時代になって、いまでは同じフロアでもメールで情報をやり取りするようになった。おかげで連絡がてら他のグループの連中とちょっとした無駄話をしたりすることがすっかりなくなってしまった。成果主義に加えてＩＴの進展が、職場における人間的なつながりを奪ってしまったのではないか」

成果主義とＩＴは、バブル崩壊後、業績不振に陥った日本企業の、いわば再生の切り札だった。めざしたのは徹底した効率経営であり、その視点からすれば、職場のうろつき社員などは、さしずめ駆逐されるべき無駄の最たるものだったのかもしれない。

しかし、彼らはけっして無駄な存在ではなかった。私の経験でも、彼らは精神的ゆとりを持った人種だったから、よその部署の人間と立ち話をしているときなどに、「それなら、こうすればいいんじゃないの？」などと普通ではなかなか思いつかないような斬新な発想をポーンと出してくれたりした。

そんな彼らを排除することで、企業は自らゆとりをなくしてしまったのではないか。

ちょっと古い新聞に、アリについての面白い記事が二つあった。

一つは、働き者で知られるアリの社会でも、全体の約二割はどうも働いていないらしい、ただ忙しげにうろついているだけというものだ。しかし、研究者によれば、働かないアリは一見すると無駄な存在のようだが、実際には何らかの方法で集団に貢献しているのかもしれないそうだ（「朝日新聞」二〇〇三年一〇月二九日）。

もう一つは、アリの社会では、エサ集めのうまい優秀なアリだけの集団よりも、エサ集めの下手なアリが混在している集団のほうが、より多くのエサを集めるらしい、というものだ。優秀なアリは仲間のつけた目印を忠実に追うので効率よくエサを集めるが、目印に忠実すぎるので新しいエサは見つけにくい。その点、優秀でないアリは目印を追うのが下手で、あたりをうろうろするため、結果的に新しいエサを発見するチャンスが増えるのだそうだ（「読売新聞」二〇〇三年一一月一日）。

つまり、お利口さんだけでなく、ちょっとおバカさんも一緒の集団のほうが、生産性が高いのである。それを考えると、働かない約二割のアリもけっして無駄な存在ではなく、何かしら役目を帯びているのではないか、と考えるのは、ごく自然な気もする。

ひょっとしたら、大雨や外敵の襲来などの緊急事態に備えているのかもしれないし、働いている仲間を彼らなりの方法で支援したり、癒したりしているのかもしれない。

世の中、無駄に見えて、必要なものは案外多い。車のハンドルだって遊びがあるから真っ直ぐ走るのだ。「無用の用」で、一見、役に立たないように見えるものが、本当は大切な役割を果たしているということはよくあることだ。

職場のうろつき社員なども、実はそんな存在だったのではないか。

社会学者の見田宗介さんの著書に、ペルーの田舎を旅したときのこんな一節がある。

バスを待つみたいな時間でも、田舎だったら「午前」に一本、「午後」に一本くるというバスを日だまりで待っているうちに、ペルーでこちらが日本人ならフジモリ大統領に似ているとか似ていないとかいう話題で、すぐにみんなで盛り上がってしまう。バスを待つ時間はむだだという感覚はなくて、待つ時には待つという時間を楽しんでしまう。時間を「使う」とか「費やす」とか「無駄にする」とか、お金と同じ動詞を使って考えるという習慣は「近代」の精神で（"Time is money"!）、彼らにとって時間は基本的に「生きる」ものです。

（『社会学入門』岩波新書）

先日、一足違いで急行に乗り遅れ、「しまった、次は一五分後か……」と家でぐずぐずしていたことを悔いた。その刹那《せつな》、この一節を思い出し、苦笑した。乗り遅れたことを嘆いても時は戻らない。過ぎたことは過ぎたことだし、先のことはわからない。一日一生と思えば、次の急行までの時間も無駄にしないで楽しめるのではないか――。そう思い、電車を待つ間にとりあえずホームの端まで行ってみた。すると、鉢植えのニチニチソウが二鉢、ピンクと白の可憐《かれん》な花をつけているのに初めて気がついた。

電車を待つ位置はたいてい決まっている。わざわざホームの端まで足を運んだことなど一度もなかった。たぶん、駅員の方が世話をしているのだろうが、「へえ、こんなところに」と妙に嬉しくなった。いつものようにホームの定位置のあたりにとどまっていれば、無駄に過ごしたであろう一五分を、おかげでしばし心和む時間にすることができた。

人生に無駄はない。**心持ち一つで、無駄は無駄でなくなる。**

見田さんは書いている。旅で不思議と印象に残る時間は、「海岸線を陽が暮れるまでただ歩きつづけた一日」のような、「何かに有効に〈使われた〉時間ではなく、ただ〈生きられた〉時間」であると。

定年後の時間は膨大だ。それを印象深い、なるべく多くの「生きられた」時間にできるかどうかは、見田さんが言うように、一見、無駄と思えるような時間をいかに楽しめるかにかかっているのだ。無駄を受け入れ、楽しむ心のゆとりを持ちたいものだ。

スーツを脱いでもおしゃれな人

女性は化粧を気にしなくなると一気に老けるという。容姿の衰えもさることながら「もう年だし、適当でいいわ……」と思うことで、心まで老けてしまうのだろう。

男も同じである。おしゃれに気を使い小ぎれいにしている人は、いくつになっても若々しい。逆に「もうオヤジだから……」と格好など気にしなくなった人は年齢以上に老けて見えるものだ。

おしゃれは人の目、特に異性の目を意識する感情の発露である。**人に見られていると思えば、いい意味で緊張感を持てるし、気持ちも引き締まる。**自然と背筋だって伸びる。背中が丸まった人は、それだけで若さが失せるし、しょぼくれた感じがする。

人間、人目を気にしなくなると、髪がボサボサだろうが、寝巻き代わりのジャージだろうが、平気で近所のスーパーやコンビニに出かけるようになる。こうなったら「老けオヤジ」の道を真っ逆さまだ。

いまどきの定年世代は、アイビーブームを経験し、ジーンズにTシャツを当たり前のように着こなすファッション感覚の高い世代と言われる。たしかに前の世代に比べたら、スーツを脱いでもおしゃれな人が多い。

しかし一方で、長年の「スーツが制服」の生活にすっかり慣れてしまい、いまではせっかくの休日も家ではジャージ、ちょっと出かけるときもゴルフシャツにスラックス――そんな人も少なくないのではないか。

人の印象は、髪型や眼鏡なども含めたカジュアルな装いの巧拙でまるで違ってくる。あるとき五十歳代半ばのビジネスマンを五人集めて投資をテーマにした雑誌の覆面座談会を企画したことがある。「普段着でどうぞ」とお願いしたので、みなさんカジュアルな格好でお見えになったのだが、ほぼ同年齢なのに三十歳代でも通りそうな人もいれば、六十歳代の後半にしか見えない人もいて、ずいぶんと驚いたものである。

特に印象的だったのは、ともに眼鏡をかけ、髪の毛が寂しくなった二人。一人は暗い色のシャツにスラックス、通勤用とおぼしき革靴に黒縁の眼鏡という地味を絵に描いたようなオジサン。六十歳代後半にしか見えなかったのはこの人だった。

もう一人は白みのチノパンにブルーのストライプシャツ、濃い茶色の皮のスニーカーがおしゃれで、白髪交じりの顎髭とべっ甲の眼鏡も顔にいいアクセントをつくっていた。よく見ると、眉尻も揃えていた。

行きつけの床屋の主人が言っていた。村山富市元総理みたいに長くて下がった眉は人に優しい印象を与える半面、老けて貧相にも見える。眉尻を揃えて上向きにするだけで、目元に力が出てキリッとするし、若々しく見えると。

「外相整わば、内相自ずから熟す」という。そうして若々しくなった自分を鏡に見ることで、「オレもまだまだ捨てたもんじゃないな」と思えれば、自信もつく。心持ちも明るくなるし、軽くなる。それがまたおしゃれ心を刺激する。いいシャツを着る、いい靴を履く。それだけで街へ出るのが楽しくなる。家でゴロゴロしなくなる。おしゃれというのは内面的な若さを引き出す心の妙薬なのだ。たかがおしゃれ、されどおしゃれなのである。

だからいくつになってもおしゃれを忘れないこと。

日本では若者がおしゃれにお金をかけるが、本来おしゃれは大人のためのものだ。若い女性がルイ・ヴィトンやエルメスのバッグを嬉々として買い求める姿は異常だし、滑稽《こっけい》ですらある。ヨーロッパではあり得ない。

定年世代こそ、若い人にまねのできない大人のおしゃれを楽しむべきだ。

ポイントはメリハリである。部屋着や近所の買い物などの服装はユニクロなどの格安衣料を上手に使えばいいし、大きな街に遊びに出かけるようなときは一ランク、二ランク上のおしゃれを心がける。量より質で、シャツでもジャケットでも靴でもそれなりの品質のものを揃えておくといい。出かけるのが楽しくなる。余裕があるならブランド品を買うのもいい。本物の逸品というのは、長く使えるから、結局はよい買い物になるものだ。

カジュアルなおしゃれを心がけるということは、「脱ビジネススーツ」＝「脱会社」で、プライベートを大事にすることにつながる。「今日は女性も来る集まりだから、このジャケットにしよう」とか、「今夜は学生時代の仲間と飲み会だから、ジーパンにこのシャツでいいだろう」とか、「今度、和服でも買って、寄席にでも行ってみようか」などとあれこれ考えるのは、プライベートを豊かにするだけでなく、脳を活性化することにもなる。

「カジュアルなおしゃれと言われてもどうしていいかわからない……」、そういう人はとりあえずジャケットから入るといい。最近はおしゃれでカジュアルなジャケットを揃えているお店が増えた。わからないことがあれば、恥ずかしがらずに店員に教えてもらうといい。

私はデパートに入っている行きつけのショップの店員と親しくなり、よきファッションアドバイザーになってもらっている。初めて行ったとき、自分ではちょっと派手かなと思うシャツを勧められたのだが、これが思いのほか家族や友人などに好評で、以来、その店員にいろいろ教えてもらうようになったのだ。

おしゃれは、少しの冒険とよき助言者を得ることで、格段に上達し、楽しくなる。雑誌などで情報を得るのもいいが、まずはショップに足を運び、お店の人と話してみることだ。見栄を張らず、素直に「今日は下見で予算はこれくらい」と言えば、売り込まれることもないし、似合うものを教えてくれる。店員に好かれるコツである。

現役時代によく働き、よく学び、よく遊んだ人は…

遺伝学者でＪＴ生命誌研究館館長の中村桂子さんによれば、もともと人間にとって「労働、学習、遊び」の三つは生活の基本であり、一体化したものであった――すなわち、「自然にはたらきかけて生活に必要なものを生産するための労働、その時に必要なノウハウを伝えていくための教育、それらの間の気晴らしとなる遊び」なのだそうだ（『科学技術時代の子どもたち』岩波書店）。

それが近代化とともに社会制度が生まれ、親は会社で働き、子供は学校で学ぶようになって、どんどん分離されるようになってしまった。いまや多くのサラリーマンは、仕事一辺倒で、本来なら働くこととセットであるはずの、生きるのに必要な学びや遊びは、すっかり脇に追いやられている。たぶんそのことが、定年後の長い人生をつまらないものにする、あるいは人によってはとても辛いものにする、大きな一因になっているのだと思う。

だから働くだけではいけない。現役のうちからもっと学び、遊ぶべきだ。わけても学びは大事である。遊びも大切だが、それだけでは定年後の膨大な時間を持て余してしまう。**学びは本来それ自体でも楽しいものだが、遊びをクリエイティブにするなど定年後の人生をより豊かなものにもしてくれる。**

たとえば、知人に自分で家の庭に小さなウッドデッキを作った男がいる。誰に教わったわけでもない。もともと日曜大工が趣味だったとはいえ、市販の本を何冊か読んでのまったくの独学。それでも誰もが驚くほどの見事な出来栄えだった。プロに頼めば、お金を払って消費するだけだが、自分でやれば、「労働＋学習＋遊び」の三つの要素を同時に体現できる。知人は言った。

「何より嬉しかったのは女房や子供も一緒になって勉強し、あれこれ教え合い、ともに楽しめたことだ。キャンプみたいで最高に面白かった」

『養生訓《ようじょうくん》』で知られる貝原益軒《かいばらえきけん》は、楽しみというのは心の内にあると言っている。つまり、花を愛《め》で、読書や旅の風流を楽しめるかどうかは、本人の知性や感性次第ということだ。逆に言えば、知性や感性さえあれば、風のそよぎやたなびく雲の変化一つでも、限りない楽しみとすることができる。お金などなくても人生は楽しめるのだ。

それには知性や感性を磨くための学びが欠かせない。といっても何も難しく考えることはない。

まずは新聞を読むことだ。知人がウッドデッキを作ろうと思ったのも新聞の記事がきっかけだったそうだ。最近はインターネットの時代になり、パソコンや携帯電話でニュースを読む人が増えているが、新聞社にいた人間としては寂しい限り。というのも新聞というのは、いまだに教養の宝庫で、ちょっとしたコラムを一本読むだけでも教えられることが多いからだ。小さなコラムに感動したり、あるいは逆に「それは違うだろう」と、ひとりごちて反発したりしている。

そして書評欄などは最高の読書ガイドでもある。ちなみに私は朝日、産経、日経の三紙と夕刊紙一紙を購読し、業界紙もよく手に取る。必ず目を通すのは週刊誌や女性誌の広告だ。時代相を知るのにこれほど便利なものはない。

ビジネスマンが定年退職した途端、日経新聞を取るのをやめるなど、すっかり新聞を読まなくなる人が増えるが、それこそ心の老化を早める第一歩ではないか。新聞は読み続けたほうがいい。

それから、本を読もう。新しいものを手に取るのもいいが、古典や名作全集のような評価の定まったものを徹底的に読破するのもいい。人生の折り返しを過ぎたいま、改めて読むと違った味わいがあったり、新たな発見があったりするものだ。老後の道標となるような含蓄のある言葉に、きっとめぐり合うだろう。

趣味や遊びをより充実させるための学びもいい。たとえば、海外旅行が好きなら語学を覚える。英語はいまや国際語だから、できるようになれば、旅行は格段に楽しくなる。

知り合いに六十歳を過ぎてから韓国語を覚えた女性がいる。「冬のソナタ」にすっかりはまってしまい、ヨン様ゆかりの地を旅したいがためにスクールに通ったのだ。いまではそこで仲良くなった同年輩の女性数人と年に何度か韓国へ出かけているそうだ。また、専門的な勉強をしたい人は大学や大学院で学ぶという手もある。団塊世代には家庭の事情などで大学に進学できず、悔しい思いをした人が多い。この世代の大学進学率は全体の一五％ほどで、残りの約八五％は中卒・高卒だ。長年の実務経験を武器に第二の人生を学問の道に賭けるのも悪くないのではないか。

そう言えば、女優の秋吉久美子さんが早稲田大学大学院公共経営研究科に合格した。秋吉さんは高卒だが、論文審査などで大学卒業相当の扱いになり、選考試験に合格したのだそうだ。五十歳を過ぎての新たなチャレンジである。しかも、二〇〇九年には、堂々と総代として卒業している。

海外に目を転じれば、有名な英国のロックバンド「クイーン」のギタリスト、ブライアン・メイさんが、六十歳で天文学の博士論文をロンドンのある大学に提出し、見事に審査をパス、博士号を取得したそうだ。メイさんは一九七〇年代初めにその大学に在学しており、博士論文の研究にも入っていたが、バンド活動が本格化したため途中で断念せざるを得なかったのだとか。それから三十五年以上たったいま、一度は諦めた夢をやっとかなえたのだ。

学びは、生きることに意味を与え、定年後の人生を必ず豊かにしてくれる。学びの対象は無限である。いくつになっても学ぶべきことはある。そして学んだ分だけ、人は成長できる。無論、ボケ防止にもなる。「人間、死ぬまで勉強」とはよく言ったものである。

「いまが一番幸せで楽しい」と言える幸せ

老いへの不安や恐怖の裏返しか、最近は老化を加齢やエイジングなどと言い換える。老いを力ずくでやり込めようとプチ整形に精を出すおばさま連中も増えている。

しかし、老いの程度は見た目だけではわからない。童顔だったり、若作りだったりで、ずいぶんと若く見えるのに、いざ話してみると、エッと驚くようなジジ（ババ）くさいことを言う人もいる。**老いの進み具合は心のありようであって、断じて見た目ではない。**

人は老いたと思えば、たちまち老けていく。歩き方だって、食べ方だって、着る物だって、どんどんジジ（ババ）くさくなる。人の行動は心が支配する。感情の老化こそが老いを先導するのだ。逆に言えば、気持ちが老けない人は、いつまでも若くいられる。

それを見事に証明してみせたのが、出演者・スタッフの平均年齢七十四歳（立ち上げ当時）のミュージカル映画「田んぼ de ミュージカル」（二〇〇三年）が話題になった北海道穂別町（現むかわ町）の高齢者たちだ。

いろいろな映画賞を受賞したこともあり、すっかり映画作りに味をしめた彼らは、ファッションショーをテーマにした「La riziere（ラ・リズィエール＝田んぼ）」（二〇〇五年）に続き、第三弾「いい爺いライダー」（二〇〇八年）も製作した。アメリカンニューシネマの傑作「イージー・ライダー」に引っ掛けているのは言うまでもない。市町村合併に反対する高齢者たちが暴走族となり、若者たちと抗争を繰り広げるという話だ。新聞などがクランクインした様子を伝えていたが、役者も撮影スタッフもとにかく映画作りが楽しくて仕方がないというのがビンビン伝わってきた。

スタッフの一人が「みんな年を取るんじゃなく若返ってくるんだよ」（「東京新聞」二〇〇七年七月二九日）とコメントしていたが、なるほどサングラスにヘルメットでバイクにまたがり警察と睨《にら》みあうシーンなどを見ると、とても七十歳代後半とは思えない。

現在は「撮影中は葬式を出すな」を合言葉に、第四弾で最後の映画だという「赤い夕陽のジュリー」を元気に撮っているそうだ。ウエスタン仕立てで、穂別町の歴史を残そうという心意気だ（「産経新聞」二〇一〇年二月七日）。

みんないい顔をしているし、実にカッコいい。夢中になれるものを手に入れた人は、いつまでも若いし、老けないのだ。

そんな夢見る老人になるにはどうすればいいか。

いくつになっても子供のような好奇心と無邪気さを失わないことである。

「青春とは心の若さである」と言ったのは詩人のサムエル・ウルマンだが、まさにその通りで、人は年を重ねただけで老いるわけではない。心の若さを失うとき、老い朽ちるのだ。肌年齢は心の若さと比例するという説があるそうだし、老人の痴呆《ちほう》なども好奇心をなくすと進みやすいそうだ。若さとは、気の持ちよう一つなのである。

だから、「いまさらこの年で……」などと思わず、北海道穂別町の人たちのように、むしろ年がいもないことをやるほうがいい。何も無理に若ぶる必要はない。老いは誰にでも訪れる。それを素直に受け入れ、そのうえでやりたいことをやればいいだけの話だ。

そう言えば、五十歳代の半ばを過ぎてからスキーを始めた知り合いの編集者がいる。「まだボーゲンに毛の生えた程度」と笑うが、紺碧《こんぺき》の空の下、白銀のゲレンデを滑り降りながら望む日本アルプスの峰々は、それはそれは美しいという。

あるいは「小学生の孫を見ていたら、子供の頃の気持ちが蘇ってきた」と、カブトムシやクワガタムシに夢中になっている六十歳代の知人もいる。大人向けの昆虫本が密《ひそ》かな人気なのだそうだ。

好奇心は気持ちを若く保つ特効薬だ。使わない手はない。周囲とか世間とかいっても、あなたのそれは、せいぜい何十人、何百人だろう。そんな小さな「世評」を気にして、やりたいことを我慢するなんて、どう考えてももったいない。

老いない生き方をするには、過去を振り返らず、残された時間を大切にすることも忘れてはならない。老いの繰り言で、「あの頃はよかった」と過去を懐かしんだり、いまの境遇をあれこれ嘆くだけの老後はつまらない。

昔のよい思い出は、その人の過去を豊かに彩りはするが、それよりも「いまが一番幸せで楽しい」と思える人生のほうが、生きる喜びは格段に上だろう。

七十一歳で隠居し、八十四歳で『養生訓』を書き上げた長寿快老の達人、貝原益軒も言っている。老後は楽しめと。「老後の一日楽しまずして空《むな》しく過ごすは惜しむべし。老後の一日千金にあたるべし」。

それにはくよくよせずに、嫌なことは忘れることだ。

「喜《うれし》き事有らむ人は、紫苑《しおん》を殖《うえ》て常に見るべし。憂え有らむ人は、萱草《かんぞう》を殖て常に見るべし」（『今昔物語集』）。

紫苑は忘れな草。萱草は忘れ草。つまりよいことはいつまでも覚えていればいいが、嫌なことはさっさと忘れてしまいなさいということだ。

また、**ケセラセラ（なるようになるさ）で物事を前向きにとらえるようにしよう。**少々辛いことがあっても、いままで何とかなってきたではないか。それが証拠にあなたは生きていま、この本を読んでいる。ならばこれからも「何とかなるさ」と考えたほうがいい。そして、大いに笑うこと。笑いはプラス思考のパスポートだ。

笑う門には福来たる。笑いは体調の乱れをリセットし、内分泌系や神経系、免疫系などのバランスを改善、免疫力を高めることが知られている。老後の健康にもよい。

好奇心を忘れず、くよくよせずに、よく笑う——。老いない生き方の秘訣である。

3章

金がなくても幸せ、とはいかない世の中

「心配いらず」の6つの条件

金のことで不安になるな、ただ〝計算〟はしておこう

五十歳代も半ばになったら、ぼちぼち減速し、定年後どんなふうに過ごすのか、どう過ごしたいのか、会社や仕事から自分自身へと軸足を移し、大まかな青写真を描くようにしたい。

具体的にはまだ働くのか、完全にリタイアするのか。働く場合はその会社で定年後も働くのか、別の会社に再就職するのか。完全にリタイアするなら、どうやって毎日を過ごすのか。一人でのんびり過ごしたいのか、人や社会とかかわって過ごしたいのか――。その際、**大前提になるのは、やはりお金である。**

たとえば、リタイアした場合を考えてみよう。現役のうちは会社の定期券があるから、休日の買い物などもその路線を使えば、交通費はタダですんだ。それが定年後は電車やバスに乗るのもすべて自腹だ。ちょっと大きな街へ映画でも観に出かければ、一人五〇〇〇円～一〇〇〇〇円くらいすぐに消えてなくなる。

仮に夫婦二人で往復一〇〇〇〇円として、週二日（月八回）出かけるとしたら、月八〇〇〇〇円、年九万六〇〇〇〇円だ。往復二〇〇〇〇円なら月一万六〇〇〇〇円、年一九万二〇〇〇〇円である。映画や芝居などのチケット代や食事代のほかにこれだけかかる。最近は高齢者用の公共交通機関の「無料パス」（地域によっては有料）がすべて有料化される動きが出ている。将来的に交通費の負担増は避けられそうもない。

旅行だって年に五、六回の国内旅行のほか、海外にも一、二度行きたい人は、行き先にもよるが、夫婦で五〇万〜一〇〇万円程度はすぐにかかるだろう。また趣味や遊びの仲間がいれば、お茶だ、ご飯だ、飲み会だと交際費もバカにならない。会社のお金で電車やタクシーに乗れて、飲み食いまでできた時代をしみじみ懐かしく思うに違いない。

定年後を楽しむには何かとお金がかかる。旅行会社の「退職記念旅行」など団塊マネーを狙った「退職ビジネス」が喧《かまびす》しいが、こんなものにまともにつきあっていたら、それこそ退職金などいくらあっても足りない。すぐになくなってしまうだろう。

そう言えば、「老後資金を豊かにしたい」という庶民感情につけ込んだ違法な先物取引などで、莫大な被害を被るシルバー世代が増えている。虎の子の退職金を、得体の知れない儲け話でむしり取られることのないようにしたい。

ちなみに生命保険文化センターの調べによれば、六十歳代の夫婦二人の最低限の暮らしを維持するには月約二三万円、ゆとりあるセカンドライフを送るには月約三八万円必要だそうだ（「生活保障に関する調査」二〇〇七年）。

あくまで目安だが、ざっとこの程度の生活費は必要になる。他にも車の買い替えや自宅の修理・建て替えなどを考えている場合は、多額の出費を織り込んでおかないといけないし、老親の世話や介護などが必要な場合は、それも考えておく必要がある。

また、実家に寄生するパラサイトな息子や結婚に失敗して出戻った娘などがいる場合は、食費などの負担もさることながら、その子らの将来が心配で、おちおち遊んでもいられないだろう。リタイアするまでに、子供たちは何としても自立させるべきだ。

知人の夫婦は、六十歳の定年を迎えたとき八十歳まで生きる前提で「年金＋貯蓄＋退職金」で老後の資金計画を立てたが、七十九歳になってもまだ元気でピンピンしているので「設計をやり直して、もっと切り詰めなければ」とこぼしていた。

人生八十年というが、女性の平均寿命はいまや八十六歳だ。九十歳くらいまでは生きるという前提で考えたほうがいいのかもしれない。

そのうえで諸々《もろもろ》の費用を賄うだけの生活資金が確保できるかどうか、**五十歳代半ばになったら、年金、貯蓄、退職金を総点検し、おおよその試算をしてみることだ。**

その結果、「これなら悠々自適のセカンドライフが過ごせそうだ」となれば、けっこうなことだし、「たっぷりあるわけではないが、何とか年金と蓄えと退職金で生きていけそうだ。もう働くのはやめよう」と考える人もいるだろう。

一方で、「働くつもりはなかったが、これでは老後の暮らしが心配だ。やっぱり働いたほうがいい」と定年後のプランを変える人も出てくるかもしれない。「仕事はもういい。遊んで暮らしたい」と思っても、そのお金がなければ話にならない。まずは、そのあたりの算盤《そろばん》をきちんと弾いてみることだ。定年後どうするかはそれからだ。

誰かのため、いつかのためでない「自分の金」をどう使う？

リタイアしても、「この先どれだけお金がかかるかわからないから」と、それまでと同じように節約生活を続ける人がいるが、そんなことをしていたら、いつまでたっても貯めるだけの人生になってしまう。

八十歳を過ぎても、預金通帳の残高が増えるのを楽しみにしているような人がいるそうだが、「いったいいくつまで生きるつもりなんだ？　長寿のギネス記録でも作るつもりなのか？」と気の毒になってしまう。

古い米国映画に名匠フランク・キャプラ監督の「我が家の楽園」というのがある。大金持ちの実業家と貧乏な自由人の二人の父親が、家の立ち退きをめぐって対立するのだが、それぞれの息子と娘が恋仲になり、最後は大金持ちが折れてハッピーエンドになる、という人情喜劇だ。劇中、ライオネル・バリモア演じる貧乏な自由人が、エドワード・アーノルド演じる大金持ちにこう言う（和田誠『お楽しみはこれからだ』

文藝春秋)。

「金なんていくらあっても天国までは持って行けやしないよ」

七十歳、八十歳になっても、なるべく蓄えに手をつけず、つましく暮らしているなどという話を聞くと、私はいつもこの台詞《せりふ》を思い出す。

ほとんど預金がないならともかく、それなりの蓄えがあり、まとまった退職金ももらっているなら、何もそうケチケチすることはないではないか。生命保険文化センターのデータなどが示しているように、月二三万円くらいあれば、何とか夫婦二人の老後の生活はやっていける。貯めるより、いかに使うかに発想を切り替えたほうがいい。

人生を楽しむことにかけては世界一と言われるイタリアでは、遺産を残さないで死ぬのが最高にカッコいい生き方(逝き方)だとされているそうだ。我々日本人もイタリア人を見習ってもっとお金を使うべきだ。

続々と定年を迎える団塊の世代は、我が国の人口構成で最大のボリュームゾーンを形成している。消費に振り向ける額が多ければ多いほど、この国の経済を下支えすることにもなる。人生の最後、気力も体力も尽きると同時に「預金残高ゼロ」になるようにきれいさっぱり使い切ってしまえばいい。

ただし、いくら使えばいいと言っても、せっかく苦労して貯めたお金である、つまらない使い方はバカらしい。放蕩《ほうとう》三昧すれば簡単に散財できるが、無論、そんなものは上手なお金の使い方ではない。

年を取れば、生きるのに必要な「人生の資源」は――つまり気力や体力や預金残高や自分の持ち時間や親兄弟・友人などは――だんだん枯渇していく。であればこそ、残された人生の資源は大切に使わないといけない。それには**暮らしの無駄をそぎ落とし、自分にとって本当に大事なものは何か、見極めることだ。**そうすれば、一番自分らしいお金の使い方ができるようになる。

具体的に言えば、それほど大事でないモノやコトは質素倹約ですませ、大事なモノやコトにはちょっと贅沢なお金の使い方をする。残された人生の資源を大切に使うなら、自ずとそのようなメリハリの利いたお金の使い方になるものだ。それをどれだけ上手に楽しめるかで老後の暮らしはずいぶん違ったものになるだろう。

たとえば、友人夫婦は、日頃は質素を絵に描いたような暮らしぶりだが、一年に一度だけ、ちょっとリッチな海外旅行に行く。今年はオリエント急行でベネチアからロンドンまでゴージャスな「走る貴婦人」の旅を堪能する予定だそうだ。奥さんが言っていた。

「私たち二人とも、焼き鮭に漬物にご飯と味噌汁があれば、それで十分幸せなの。だから、別に贅沢なフランス料理なんて、ちっとも食べたいとは思わない。その代わりと言っては何だけど、年に一度は海外に行きたいのね。その贅沢だけはさせてもらおうと思って。年のことを考えれば、お金があって、元気で行かれるうちが花でしょう」

そうやって自分なりのメリハリの利いたお金の使い方をして、人生を楽しめばいいのである。間違っても子供にお金を残そうなどと愚かなことは考えないことだ。放蕩息子をわざわざつくり出すようなものだ。

西郷隆盛に「偶感《ぐうかん》」という漢詩がある。

幾歴辛酸志始堅　幾《いく》たびか辛酸を歴《へ》て志《こころざし》始めて堅し
丈夫玉砕恥甎全　丈夫《じょうふ》玉砕甎全《せんぜん》を恥づ
一家遺事人知否　一家の遺事人知るや否や
不為児孫買美田　児孫《じそん》の為《ため》に美田を買はず

（多湖輝『新六十歳からの生き方』ゴマブックス）

児孫のために美田を買わず――。子供に苦労をさせたくない。その気持ちはわかる。

しかし自ら苦労することで切り開いていける人生もある。子供にお金を残すことはない。どうせろくなことにはならない。だから使い切ってしまえばいい。

そして子供には、お金に代えられない「何か」を残すことだ。

イソップの寓話に「農夫とその子どもたち」という話がある。

ブドウ畑を持つある農夫が、死の間際、息子たちを枕元に呼び寄せ、こう言った。

「息子たちよ、よく聞くがいい。実はブドウ畑に宝が隠してあるのだ。私が死んだら掘り出して分けなさい」。

父親が息を引き取ると、早速、息子たちはブドウ畑を隅から隅まで掘り返した。だが、何も見つからなかった。息子たちはがっかりした。

ところが、秋になって彼らは驚くべき光景を目にする。信じられないほどたくさんのブドウがたわわに実ったのだ。畑を掘り返すことで再び土壌に生命力が宿り、ブドウの収穫量を押し上げたのである。

実はそれこそが父親の狙いだった。自分が心血を注いだように、「息子たちにも畑仕事に精を出してほしい。努力は必ず報われるのだから」との思いから、人生の最期にひと芝居打ったのである。

つまり、父親の遺言は、息子たちにとって、それ自体が何物にも代え難い素晴らしい宝物であったわけだ。

人生という畑を一生懸命に耕せば、人は必ず幸せになれるのだ。

貯金はすべて「自分で使い切る」でちょうどいい

だいぶ意識は変わってきたが、いまだに財産を子供に残したいと思っている人は少なくない。「国民生活白書」（内閣府、二〇〇五年）によると「積極的に子供に残したい人」は全体の約三割を占める。理由としては「子供の幸せに役立つ」が五九・一％と圧倒的に多く、以下、「家を守ってほしい」（一六・三％）、「自分も親から財産を受け継いだ」（一三・四％）、「介護や同居など老後の面倒を見てほしい」（八・六％）と続く。

財産を残せば子供が幸せになれる!?――。それはとんだ考え違いである。

思わぬ大金を手にして人生を誤る者もいるし、子供や親族を巻き込んだ争いごとになることもある。それこそ小さな家一軒のために子供たちが骨肉の争いを繰り広げ、以後、終生、絶縁状態になることだって珍しいことではない。下手に財産など残すと子供が不幸になるのだ。

だから、子供や親族などに争いごとの火種を残すくらいなら、お迎えが来るまでに全部使い切ってしまい、人生の最期は預金残高ゼロで、一銭も残さないほうがよっぽどいい。

そもそも昔と違って、いまや人生八十年時代だから、親が身罷《みまか》るときは子供もいい年になっているケースが多い。現行の相続税法では正味の遺産額が一億六〇〇〇万円までの場合、配偶者が全部相続すれば相続税は一銭もかからない。

このため一般的な家庭の場合、ご主人が亡くなれば、大半の財産は奥さんが相続する。子供に財産が渡るのは、その奥さんが亡くなるときだ。女性の平均寿命は八十六歳を超えている。となれば、子供の年齢は六十歳前後に達しているはず。それこそ完全にリタイアして悠々自適のセカンドライフを謳歌《おうか》している人もいるだろう。

そんな子供に財産を残してやる必要があるのだろうか？

もちろん、なかには蓄えを使い切って、結果的に終《つい》の棲家《すみか》だけが残るというケースもあるだろう。「別に財産を残したいわけじゃないが、生きてるうちは住まいを手放すわけにはいかない」、そういう人は少なくないと思う。

もしそう考えているなら、**「リバースモーゲージ」を利用してマイホームも使い切**

ってしまうというのも一つの手だ。リバースモーゲージとは、マイホームを担保に資金を借り入れ、死亡時にマイホームを処分して借り入れ元本と利息を一括返済するものだ。

借りたお金は返すのが普通だが、この方法なら、自分が最期を迎えた後、マイホームを売却して清算すればいいので借金は一切残らない。子供たちも安心できる。

住み慣れた我が家を手放すことなく、必要な資金を手にできるのが特長で、欧米では現金収入の少ないシニア世代の生活を支える有力な手段の一つとして普及している。日本では一九八一年に東京の武蔵野市で始まり、その後、他の自治体や金融機関でも採用するようになったが、バブルの崩壊で地価が大暴落し、マイホームの担保価値が激減したことから利用に急ブレーキがかかってしまった。

それが近年の地価の下げ止まり感から再び注目を集めるようになり、現在では国の主導のもと「不動産担保型生活資金」として運用が始められている。

実際にどの程度の借り入れができるかは、条件にもよるが、たとえば、「マイホームの評価額五〇〇〇万円、融資上限七〇%、七十歳開始・年金方式」であれば、だいたい月額一〇万円程度にはなるようだ。公的年金と合わせれば、人によってはかなり余裕のセカンドライフが過ごせるのではないか。

ただし残念なのは、①自治体の場合、制度のある地域に住んでいないと利用できない、②国の制度は市町村民税非課税程度の低所得者を対象にしている、③マイホームの評価額が一定額以上でないと利用できない場合がある、④マンションや借地権付き住宅などでは利用できない場合が多い、などかなりの制約があることだ。

老後不安を解消し、消費意欲を活性化するためにも、制度の拡充を期待したい。

定年後、金を増やそうなどとは考えるな！

貧乏性というのだろうか、定年後も節約倹約で少しでもお金を残そうとする人がいる。「この先、いくつまで生きるかわからない。どんな大病を患うかもしれない。蓄えはいくらあっても多すぎることはない」、そんなふうに考えてしまうのだろう。

気持ちはわからないでもないが、そんなことを言い出したらきりがない。人生とは無常なものだ。先のことなど心配したところで、明日ポックリ逝くかもしれない。あるかどうかもわからない五年先、十年先のことを心配するより、今日を大事にしたほうがいい。**幸福は山の頂《いただき》にだけあるわけではない。麓《ふもと》にだってちゃんとある。**だから、お金のある生活を羨《うらや》み、我が身を嘆く必要などないのだ。

お金というのは、あるならあるなりに、ないならないなりにつきあえば、それなりに幸せな生活が営めるようにできている。

もちろん、ないにも限度はある。貧乏は人の心を捻《ね》じ曲げる。明日食べるお米もパンも買えないようでは心が複雑骨折を起こしてしまう。「お金で幸福は買えるか」とはよくある命題だが、人の道を外さないのが幸福の前提条件とするなら、幸福は明らかにお金で買えるだろう。普通に食べていけるだけのお金は、やはりないと困る。そのうえで、ないものねだりをせずに、ないならないなりの幸福を見つけるのが賢い老後の生き方だと思う。

そのように足るを知った生き方ができれば、もっとお金を増やしたいなどとおかしな欲はかかないはずなのだ。しかし現実はどうかと言えば、定年後もお金を増やしたい人は少なくない。定年退職者向けの指南本などを見ても「定年後のマネープラン」とか「退職金の賢い運用法」など、定年後の資金運用のページが必ずと言っていいほど用意されている。

しかもそこで紹介されているのは、株をはじめ、金や投資信託、外貨建ての商品など元本の保証されないものが少なくない。うまくいけば、銀行預金よりはるかに儲かるが、下手を打ったときの痛手は甚大で、老後資金などあっという間に底をつく。

以前、先物取引をしていた六十歳代の女性が運用資金を着服していた営業マンに殺されるという痛ましい事件があった。私は女性が生命保険会社の退職金を先物に投じていたと知って腰を抜かすほど驚いた。素人がやるにはあまりにもハイリスク・ハイリターンの商品だからだ。先物のように生き馬の目を抜く投資の世界は、素人が簡単に儲けられるほど甘いものではない。たしかに勝てば儲けは大きいが、負ければ尻の毛までむしり取られて一文無しだ。それこそ家を取られ、多額の借金を背負うことにもなりかねない。

小遣い銭程度の資金でボケ防止の頭の体操のためにやるならいいが、ろくに勉強もしないで虎の子の退職金を先物取引に投じるなど正気の沙汰《さた》ではない。本当に儲けにつながるようなディープな情報は、それなりの情報源やネットワークを持っていないと、なかなか入手できるものではないからだ。

そして、そういう情報は、残念ながら、お金持ちのところに集まるのであって、一般庶民のところへはなかなか流れてはこないのである。それが投資の世界の現実である。だからハイリスク・ハイリターンの投資商品で一発当てようなどと愚かなことは絶対に考えないことだ。さもないと、とんでもない詐欺や悪徳商法などにコロリと騙《だま》されかねない。欲というのは、心の鍵を甘くするからだ。

特に高齢者は狙われやすい。現役世代に比べて情報感度が鈍いし、気楽に相談できる人も少ない。そのくせまとまった老後資金を持っている。かっこうのターゲットなのだ。実際、「絶対儲かります」と言って架空の未公開株話でお金を騙し取ったり、「外貨預金のようなもの」などと嘘をついて、とてつもないハイリスク商品の外国為替証拠金取引に引っ張り込み、多額の老後資金をむしり取るようなケースが相次いでいる。

詐欺師や悪徳商法の営業マンは、あきれるほど巧みな話術を使う。その陥穽《かんせい》に落ちないようにするには、定年後、もっとお金を増やそうなどと欲をかかないことである。ふさわしいのは、ノーリスク・ノーリターンであり、増やすより使うことだ。

一般に騙されやすいのは次のような人だ。

①人の言うことを鵜呑みにする人
②頼まれると断り切れない人
③自分を厳しく律することのできない人
④他人の身の上に同情しやすい人
⑤物事を深く、慎重に考えない人
⑥ギャンブルが好きな人

⑦せっかちで早とちりをしがちな人

⑧人一倍プライドの高い人

なかでもいちばんやっかいなのは、人一倍プライドの高い人だ。足るを知る人は、ないならないなりの生活をすればいいと思えるが、自尊心の強すぎる人はどうしても山の頂を見てしまう。麓にいることに満足できない。しかも退職金をもらったりすると、金額が大きいだけに、つい気も大きくなる。そこを悪い連中に突かれるのだ。

定年後、欲をかいていいことなど何一つない。くれぐれもご用心を。

退職金で住宅ローンを返すのはやめなさい

定年後も返済を続けるのは大変だから、住宅ローンは定年までに完済するのが原則。残債がある場合は退職金で一括返済を――。よく言われる「住宅ローンの常識」である。しかし、果たしてそうだろうか。

だいぶ年がいってから多額のローンを組んでマイホームを購入した人はともかく、三十歳代の半ばあたりまでにそれなりの頭金を積んで我が家を手にした人であれば、すでに残債も少なく、返済には目処《めど》がたっているはずだ。

「全国消費実態調査」（総務省）の二〇〇四年のデータを見ると、団塊世代に該当する五十歳代後半の負債額は約五三五万円。その九割前後は住宅ローンと思われるが、高額所得層の多額の借り入れが平均値を押し上げている面もあって、定年時の残債はせいぜい数百万円程度という人が多いはずだ。残りはほとんど元本であり、利息も少なくなっている。

ローン返済が、定年後の生活に負担になるならともかく、そうでないなら、何も無理して退職金で一括返済しなくてもいいのではないか。

ご主人に万一のことがあれば、住宅ローンの残債は、ローンとセットになっている団体信用生命保険で完済され、チャラになる。

仮に三〇〇万円の残債を退職金で一括返済した人が、その直後に亡くなったとしたら、その三〇〇万円は返し損になってしまう。一括返済などしなければ、残された奥さんのその後の暮らしの足しにもできただろう。

だから**ローン返済が負担でないなら、退職金で一括返済しないで、そのまま払い続けたほうがいい。**再就職する人も多いだろうから、それなりの定収入もあるはずだ。

むしろ考えるべきは、病気による長期入院など不測の高額出費への備えであり、退職金の使い道としてはそのほうがふさわしい。言うまでもなく、団体信用生命保険は「死亡」または高度障害」が対象だから、病気による長期入院は対象外だ。

定年世代になると、リフォームや建て替え、住み替えを考える人も少なくないが、その場合の住宅ローンも常識にとらわれないほうがいい。

普通はなるべく借り入れ期間を短くして総返済額を抑える。それが常識だ。しかし定年世代が新たにローンを組む場合は、年金生活でも負担が重くならないように借り入れ期間をなるべく長くして、毎月の返済額が少なくなるようにしたほうがいい。

せっかく仕事から解放されたのにローンの返済でカツカツの生活をするようでは、ちっとも気が休まらないだろう。それこそ下手をすれば老人性の鬱病にでもなりかねない。月々の返済負担はなるべく無理のないように組むべきである。

仮に一〇〇〇万円を長期固定金利住宅ローンの「フラット35」を利用して金利三％程度で借りた場合、毎月の返済額は返済期間十年だと一〇万円弱だが、二十年なら六万円弱ですむ。

「月々の負担は大きいが、やはり早く返済したいから」と十年でローンを組んだはいいが、「やっぱり生活が大変だから二十年にしたい」と言っても、そう簡単に金融機関は認めてはくれない。最初から月々の負担を軽くすることを優先したほうがいい。

いざというときは団体信用生命保険でチャラなのだから、「六十歳で借りて二十年なら八十歳。ちゃんと返せるのか？」などと気に病むことはないのだ。

それに建て替えや住み替えの場合、賃料収入や売却代金を新しいマイホームの購入資金や家賃に充てることもできる。建て替えなら二世帯住宅にして半分を賃貸に出してもいい。夫婦二人の暮らしなら、子供たちがいたときのような広い居住スペースは必要ない。

住み替えの場合は、まず最初に自宅の扱い（↓売るのか貸すのか）と住み替え先の新しい住宅の扱い（↓買うのか借りるのか）を検討する必要があるが、いずれにしろ賃料収入や売却代金は購入資金や家賃の支払いに充当可能だ。

返済に不安があるなら、売却や賃貸を上手に活用することも考えるといいだろう。

「夢の海外ロングステイ」の現実は？

定年後、海外で一カ月から半年ほど暮らすロングステイをする人が増えている。オーストラリア、ニュージーランド、ハワイなどの人気は相変わらずだが、最近は割合に近くて直行便も多いタイやマレーシアなど東南アジアの人気が高い。

生活水準は日本と大差がないのに物価は二分の一、三分の一。年金で豪邸に住むことができる――。そんな〝楽園〟をあおる情報が、いまやメディアにあふれ返っている。

しかし、その手の情報には嘘や誇張も多い。たとえば、タイの首都バンコクから北へ約五〇〇キロ、人口約三〇万人の古都チェンマイ。メディアでプールつき豪邸が月六万円で借りられるなどと紹介されたものだから、日本人のロングステイ先として俄《が》然《ぜん》注目を集めるようになったのだが、この話、よく聞けば、月六万円は本当だが、三年契約の前払いで、しかも中途解約の場合、返金なし、という厳しい条件なのだ。

たしかにチェンマイの物価は安い。旅行代理店に勤める知人に聞いたところ、バンコクで夫婦二人がある程度の生活をするには月額二〇万円くらいかかるという。内訳は家賃二万バーツ（六万円）、食費二万バーツ（六万円）、趣味・娯楽・教養・衣料・交通費など二万バーツ（六万円）、医療費五〇〇〇バーツ（一万五〇〇〇円）といったところだ。

チェンマイはバンコクより二～三割物価が安いので、その七掛けの五万バーツ＝一五万円もあれば、何とかなるらしい。そこで、もらえる年金が仮に月二〇万円としても、チェンマイなら差額の五万円を浮かすことができる。一年の半分をチェンマイで過ごせば、年間三〇万円のプラスだ。日本で月二〇万円で生活するのは大変だが、たとえば六十～七十五歳までの十五年間、毎年チェンマイで半年過ごせば、四五〇万円の黒字になる――。とまあ、捕らぬ狸《たぬき》の皮算用をする向きもあるようなのだ。

しかし、「日本で年金暮らしをするのは大変。生活水準を落とさずに定年後を過ごしたいから東南アジアでロングステイ」という発想は、いかがなものか。

まず、海外でのロングステイは為替の変動の影響をモロに受ける。たとえば、タイでは一九九七年の通貨危機から十年、輸出の増加で外貨準備高が増えるなど経済が強くなった。このためバーツ高＝円安が進んだこともある。いまは一バーツ＝約三円だが、一時は一バーツ＝約四円に迫っていた。一バーツ＝三円なら一万円が約三三三三バーツだが、一バーツ＝四円では一万円が二五〇〇バーツにしかならない。

つまり、一バーツ＝三円なら一五万円で約五万バーツの生活ができるが、一バーツ＝四円では同じ一五万円でも約三万七五〇〇バーツの生活しかできないのである。円の値打ちが二五％も目減りしてしまうのだ。それまでと同じ五万バーツの生活をするには、あと一万二五〇〇バーツ＝五万円用意しないといけない。こうなるとトータルで二〇万円となってしまい、日本でカツカツの生活をするのと変わらなくなってしまうのだ。

為替の変動リスクは海外でロングステイをする場合、とてつもなく大きい。さらに言えば、現地の物価もいつまでも安定している保証はない。実際、ガソリン価格の高騰などで東南アジアでも物価が上昇している。

定年後、海外でロングステイを安心して楽しむには、やはりそうした経済変動リスクを吸収できるだけの資金的余裕がないと、いざというとき大変である。

なかには日本の住まいも全部処分し、老親まで伴い、タイやマレーシアなどに半ば移住するような形でロングステイする人たちもいると聞く。資金的余裕があるならいいが、日本での年金生活は大変という理由での決断だとしたら、あまりにも浅慮というか、リスクが大きすぎる。

そもそもタイやマレーシア政府が本当に来てほしいのは、たっぷり現地にお金を落としてくれるお金持ちの日本人であって、年金の使い勝手をよくしたいと考えるような人たちではない。

気持ちはわからないでもないが、そういった理由でロングステイしようとする人は、よくよく事前の準備や情報収集に努めないと、経済変動のリスクのみならず、思わぬ事態に直面して、「こんなはずでは……」と泣くことにもなりかねない。

特に注意が必要なのは、当該国の滞在条件のほか、

①住まい選び↓悪質な業者に割高な物件をつかまされない
②病気やケガの治療↓どうすればいいのか、必ず下調べをしておく
③治安の確認↓住宅地や住まいの選定の際、十分に調査する
④現地の日本人社会の人間関係↓狭い「日本人村」は、想像以上に気疲れする

などのポイントだ。

大事なことは、メディアや業者の「楽園情報」を鵜呑みにせず、自分で調べること。

また日本人は外国に行っても日本人会などをつくって群れたがる。これがまた行動範囲を狭くし、つきあいが密になればなるほど出費もかさむ。

海外に行ってまで現地の日本人社会の人間関係に疲れていたら、何のためのロングステイかという話だろう。なかには鬱病を病んだり、気疲れから周囲との交流を一切断ち、孤独死するケースもあると聞く。日本の田舎暮らしと一緒で、言葉を覚えるなどして現地に溶け込む努力をしないと、楽園の夢などあっけなく潰《つい》えてしまう。

ロングステイを考えている人は、とりあえず賃貸のコンドミニアムなどで一、二カ月のお試し体験をしてみるといい。くれぐれもうまい話に飛びつかないことだ。

4章

人に頼らず、女房に頼らず、いい人間関係

「孤独知らず」の9つの条件

「一人の時間」を楽しむための3つの習慣

日本人は「お盆の上の小豆」と言われるように、もともと他人の顔色をうかがい「みんなと一緒」のことをしたがる傾向が強い。産経新聞の名物コラム「産経抄」（二〇〇六年五月四日）に、沈没する豪華客船をめぐるこんなジョークが載っていた。

船長は言った。救命ボートの定員には限りがある。女性と子供以外は船に残ってほしいと。

その際、米国人には「あなたは英雄になれる」、英国人には「残れば紳士です」、イタリア人には「女性にもてます」と言って説得した。

日本人には何と言ったのだろうか。

「みんな残りますよ」――。

我が同胞の国民性かくやと思わず苦笑せずにはいられない。小学生の子供は「みんな持ってるよ」と言って親に携帯電話をねだる。「それならしょうがないな」と親は子供に携帯電話を買ってやる。「みんなと一緒」は日本人のDNAに深く刻まれた性《さが》なのだろう。わけてもいまどきの定年世代である団塊の面々は、群れたがりが多いようだ。

しかし、「みんなと一緒」のクセや発想はいい加減卒業したほうがいい。**人間、いつかは一人にならざるを得ないときがやってくるからだ。**

老いは孤独への一本道だ。核家族化したいまの世の中、子育てを終えれば、夫婦二人の暮らしとなり、いずれはどちらかが帰らぬ人となる。心中でもしない限り、夫婦は同時には死ねない。

二〇〇五年国勢調査の結果を見ると、六十五歳以上の「一人暮らし高齢者」は約三八六万人で、五年前の調査に比べて二七・五％も増えている。今後はこれに団塊の世代が続々と仲間入りする。二〇三〇年には二〇〇五年の二倍に増えるそうだ。近い将来、日本は一人暮らしの高齢者ばかりになるだろう。

人はいつか死ぬことは誰でもわかっている。しかし、いま連れ合いや子供などと平穏な暮らしを営んでいると、いずれは自分一人の暮らしがやってくるという厳粛な事実をリアルに想像できない。あるいは深く考えたくないと思ってしまう。

人生八十年時代、それではいけない。自分が先に果てるとは限らない。それに最近は熟年離婚のように思わぬ形で一人暮らしを余儀なくされるケースだってある。人生どこで何が待っているかわからない。「オレには友だちがたくさんいる」などと言ったところで、人間、老いには勝てない。一人減り二人減りしてだんだんいなくなる。これで子供も授からず、ご近所づきあいも苦手となったら、まさに孤立無援だろう。「孤立は私にとって最大の恐怖」と言ったのはジャン・ジャック・ルソーだ。老いるということは、孤独に耐えることである。その恐怖に打ち勝つには、いまのうちから自分が一人になるときの心の準備をしておくべきだろう。

では具体的にはどんな準備をすればいいか。ポイントは三つある。

まず、自分一人だけの時間を持つように心がけることだ。それには「自分だけのサンクチュアリ（聖域）」をつくるといい。すでに子供が巣立つなどで家に空き部屋があるならそれを使えばいいし、ないなら外に求めればいい。理想は隠れ家だが、何もわざわざ部屋を借りる必要はない。一人の時間を心地よく過ごせるなら、公園でも図書館でもいいし、喫茶店でもバーでもファミリーレストランでもかまわない。

次に、一人で行動するクセをつけることだ。たとえば、休日、一人で買い物に出かけ、そのついでに一人で食事をし、映画の一本も観て、どこかでお茶でも飲んで、帰ってくる。あるいは一人で海までドライブに出かけて、釣り糸でも垂れてみる。旅行も一人で行く。そうやって「夫婦一緒」をなるべくやめてみる。休日を旦那さんが一人で過ごしてくれたら、奥さんだって世話を焼かずにすむから大助かりだ。間違いなく協力してくれる。

そして三つ目は、奥さん任せだった「料理、掃除、洗濯」の三大家事に慣れること。

現役のうちは毎日やるのは難しいだろうから、せめて休みの日くらいは奥さんに教えてもらって、まね事でもいいからやってみるといい。一番大変なのはやはり料理だ。とりあえず、ご飯と味噌汁（二、三種類）に、おかずを五、六品覚えよう。そうすれば、後はスーパーの惣菜《そうざい》などを組み合わせることで、何とか飽きない食生活が送れるはずだ。

そうやって一人に慣れておけば、いざというとき孤独に苛《さいな》まれることもないだろう。

余談を一つ。江戸中期の文人、神沢杜口《かんざわとこう》（一七一〇〜一七九五年）は、一人暮らしの達人だった。京都町奉行所の与力だった杜口は四十歳の頃、娘婿に家督を譲ると伝説や奇事、異聞の類いを諸書から抜き書きし、自らの見聞も収めた二〇〇巻にも及ぶ大部『翁草《おきなぐさ》』を残した。森鷗外《もりおうがい》の『高瀬舟《たかせぶね》』や『興津弥五右衛門《おきつやごえもん》の遺書』は、この本から題材を得たという。

杜口は、四十四歳で妻を亡くすと、以後、生涯独身で、あえて子供や孫とも同居せず、一人暮らしを通した。子供や孫と同居しても、いずれは煙たがられ疎《うと》んじられるに決まっている。それよりたまに会うほうが嬉しいし、お互いのためだと考えたのだ。

囲碁や俳諧、謡曲などに親しみ、話題や事件やモノなどが豊富な都会暮らしを好んだ。そして八十六歳の長寿を全うするまで、実に一八回も引っ越しを繰り返した。一、二年住んで飽きれば、よそへ移る。常に新しい刺激を求めて、清新の気を養った。

子供や孫に頼らず、一人で飄々《ひょうひょう》と後半生を生きた都会派の粋人杜口。その人生哲学は、現代に生きる私たちにもヒントになることが多い。あやかりたいものだ。

妻に「夫がストレス!」と言われないために

夫の定年退職後に心身の不調を訴える妻が増えているという。「主人在宅ストレス症候群」というらしい。

夫が現役のとき、妻は家では主役だった。何しろ夫は、朝、家を出たら、後は夜帰って寝るだけだ。昼間の城主は妻であり、友だちと電話でおしゃべりしたり、どこかでお茶を飲んだり、芝居を観に行ったりと好きなことができた。

ところが、夫がリタイアして一日中家にいるようになると、そうした自由がなくなってしまう。友だちから「お茶でもどう?」と誘われて出かけようと思ったら、「何しに行くんだ?」「どこへ行くんだ?」「誰と会うんだ?」「何時に帰って来るんだ?」「オレの昼飯は用意してあるのか?」等々、夫がいちいち細かく干渉してくる。

そのくせ自分は、寝巻き代わりのジャージで居間のソファに寝そべり、朝から晩までだらだらとテレビを見ながら、まるで上司のような口調で、「おい、お茶」「新聞」

などと命令し、朝昼晩、三度三度「飯はまだか?」とせっついてくる。

掃除をしようにも夫が邪魔で思うように運ばない。家事を教えようと思っても覚える気がない。そのくせ思いついたように「ポトフを作る」などと言い出して、それまで妻の管理下にあった台所を我が物顔でいじくり回し、結局、食材を無駄にしただけの無残な結果に終わったりする。しかもろくに片づけもしない。夫のやることなすこと癇《かん》に障るのだ。

それにそれまでなら、少し風邪気味だったら、昼間、横になって休むこともできたが、夫がいれば、そうもいかない。「今日は少し熱があるんだから、お昼くらい出前を取るとか、外に食べに行くとか、自分で何とかすればいいのに……」、そんな恨み言を飲み込みながら、どんどんストレスをため込み、やがて心身のバランスを崩してしまうのだろう。

その結果、ストレスと関係の深い高血圧や胃かいよう、十二指腸かいよう、気管支ぜんそく、過敏性腸症候群などのほか、脱力感や冷や汗、震えなどが起きる低血糖症、慢性肝炎などさまざまな症状に襲われるようになる。


一般に、定年後の妻のストレスは、仕事一途《いちず》で朝出たらいつも夜遅く帰るような夫

ほど大きいようだ。残業も少なく、夕飯にきちんと帰ってくる夫は、定年になっても、お昼が増えるだけで、妻の負担はそれほど増えない。そのお昼も、週の半分でも一人で街へ出るなどして済ませてきてくれれば、妻はそれまでとそう変わらない日常が過ごせる。しかし残業残業の猛烈サラリーマンの場合は、定年後、昼と夜の二食分が一気に増える。

夫が毎日家にいるようになれば、妻はそれまでのように城主ではいられなくなる。妻がそれまでと同じ生活を送るには、なるべく夫には家にいてほしくない。金銭面での将来不安から定年後も働く人が多いが、妻にしてみれば、一日中、夫に家にいられるより、そのほうが断然ラクだから一石二鳥なのである。まさに「亭主元気で留守がいい」のだ。

なかには妻から、あからさまに家にいるのを嫌がられ、「家にいても何もやることがないなら、どこかへ行ってきなさいよ」などと体よく追い出される夫もいる。自治体や大学などが主催する無料のセミナーに来ている受講者の八〜九割は、こうやって家から追い出された行き場のない元サラリーマンだそうだ。タダでそれなりのレベルの話が聞けて、時間もつぶせる。妻に疎まれ、無聊をかこっている夫には格好の避難場所なのだろう。

いずれにしろ、世の亭主族は、「誰のおかげで食べてこられたと思っているんだ」と思っているだろうが、女房族はといえば、こっちはこっちで、「誰のおかげで会社一筋で仕事に打ち込めてこれたと思ってるのよ。子育てだって私に任せきりだったくせに」と負けずに思っている。

定年後の家庭生活を円満に過ごすには、彼女たちのその矜持《きょうじ》を尊重しないといけない。それには**まず感謝することだ。**「いままで、ありがとう。お疲れさま」と口に出してちゃんと言おう。そうやって妻にも定年を迎えさせてあげるのだ。

そのうえで「これからは自分も少しは家事を手伝うし、料理もしてみるから」と宣言し、それまで妻が城主として君臨し、管理してきた領域――たとえば居間や台所など――にも足を踏み入れさせてもらう。一日中、家にいてゴロゴロするからには、少しは家事も分担するのである。何もしないで、それまでのようにふんぞり返っていたのでは、妻はたまったものではない。権限委譲を求めるからには、夫のほうにもそれなりの覚悟が必要なのだ。

といっても何もいきなり食事を作る必要はない。そんなことは妻だって期待していないし、望んでもいないだろう。まずは食事の後片づけをする。洗い物をやる。掃除や洗濯をする。それも毎日でなくていい。妻に教えてもらいながら、少しずつ覚えて増やしていけばいいのだ。週に二、三度は外食するのもいい。そしてたまには奮発して高いところで食べる。そうやって暮らしにメリハリをつける。それだけで妻の負担はうんと軽くなる。

それから、昼間はなるべく家をあけて妻を一人にしてやることを考えよう。その気があるなら自分の仕事を探し、また働きに出るのも手だ。そして妻が出かけるときは、あれこれ詮索《せんさく》せず、「楽しんでおいで。気をつけて」と気持ちよく送り出してやる。

そんな気遣い一つで心は和む。定年後の家庭円満の秘訣である。

定年後は「夫婦適度な距離」がお互いのため

定年後、夫は妻と旅行に行きたがり、妻は女友だちと旅行に行きたがるという。これは定年後の夫婦の関係を雄弁に語るものだ。

夫は会社を離れれば、途端に人間関係が希薄になる。現役のうちから会社以外で友人をつくっておかないと、それこそ一緒に遊ぶ相手もいなくなる。その点、妻はご近所さんや趣味の友だちなどけっこう友人を持っている。だから、旅行に行くとなれば、「いまさら夫と行くくらいなら、仲良しの女友だちと行ったほうがどれだけ楽しいか」となる。しかし、夫は妻のほかに一緒に何かをする相手がいない。いきおい、どこへ行くにも、「わしもわしも」と「濡れ落ち葉」のようにくっついて歩くことになる。

妻から見れば、あれほどバリバリ働いていた夫が、見る影もなくしょぼくれて、自分の後にくっついて歩く姿は、哀れを通り越して疎ましくさえなる。こうした関係が高じるとやがて夫婦関係の継続に黄信号が点灯しかねない。

これではいけない。**定年後の夫婦関係の基本は、互いの行動にはあまり口を出さず、独立した人間として尊重すること。**ひと言で言えば、つかず離れずの自立した夫婦で、常に適度な距離を保ち、いつもべったりと一緒にいないことだ。

理想を言えば、共通の趣味を一つか二つ、違う趣味を一つか二つ、持つ。それでときには一緒に趣味を楽しみ、またときにはそれぞれが自分の趣味を楽しむ。そうやって互いが自分の生活圏を持ち、尊重し合う。つまり、互いの興味が一致するものについては一緒に動けばいいし、そうでないなら別行動を取ればいいのである。

たとえば、自分は芝居に興味がないが、妻はあるなら、妻は芝居好きの友人と行けばいい。その代わり自分は家でのんびり本を読んだり、好きなCDでも聴いて過ごせばいいのだ。そのほうがお互いのためである。

自立した夫婦の関係を築くには〝夫唱婦随《ふしょうふずい》〟から〝婦唱夫随〟への意識転換が必要だ。定年後の夫婦は、いわば戦い終わった戦友のようなもの。妻への感謝、いたわりの気持ちを忘れないことだ。そしてそれまで家のことを切り盛りしてきた妻の立場を尊重し、何かと立ててやる。地域のことなどは妻のほうが断然詳しい。いろいろ教えてもらう必要もある。

それには居間に居座らないことである。そこは長い間、妻の玉座であった場所だ。定年を迎えた途端、そのスペースを夫にとられるとしたら、妻は面白かろうはずがない。家庭の主役は妻であり、その座を奪おうなどと不埒《ふらち》なことは考えないことだ。

そこで定年後は、妻の玉座を奪うことなく、自分の王国を築くことである。一番現実的なのは、独立して空いている子供部屋を居城にすることだ。そこで好きな本を読んだり、音楽を聴いたりすればいい。

就寝や起床の時間など生活サイクルが夫婦で違う場合は、寝室を別にするのも手だ。どちらかのいびきがひどい場合などは夫婦別床にすることで睡眠の質も大きく改善される。そうやって、いい意味での「知恵ある家庭内別居」をめざす。そうすれば、適度な距離が保てるし、平穏な定年後の夫婦関係が築けるはずだ。

いずれにしろ、妻には好きなようにさせて、刺激のある日々を過ごしてもらうことだ。自分が先にボケてしまうより、妻が先にボケたほうが介護が大変である。家事一切をやって、妻の面倒も見ることになったら大変なことだ。趣味にしろ、おしゃれにしろ、妻に元気で長生きしてもらうための投資は惜しまないことだ。

一般に女性は家事ができるので、一人暮らしへの対応能力が高いが、男性はそうではない。その点、家事を覚えておけば、万が一、妻に先立たれたとしても困らない。何より料理をするのはボケ防止にも役に立つ。料理はダンドリが大事で、それを考えるのは脳を活性化することにもつながるからだ。

ある著名な男性作家はおしどり夫婦で有名だったが、作家のほうがボケた。長年連れ添った妻に向かって、「誰だ、このババアは！」と叫んだという。痛ましい話である。

ボケ防止のためにも定年後は家事全般をこなし、どんどん厨房にも入ったほうがいい。ただし、仕事と同じように完璧にこなしすぎるのはよくない。妻の存在意義を失わせてしまう。妻のプライドを傷つけないような、いい塩梅が肝要である。

そうやって互いに自立した夫婦なら、ボケずに生きていける。

まさかの熟年離婚！　は他人事ではない⁉

ここ数年、減少傾向にあった離婚件数が二〇〇七年四月、急増に転じた（四月の離婚件数二万三三五五件。前年同月比六・一％増。厚生労働省「人口動態統計」速報）。離婚を考えている妻は「離婚時年金分割制度」の始まる二〇〇七年四月まで離婚を我慢するのではないかと言われていたが、それを裏づける結果になった。

これまで妻は、離婚すると基礎年金分しかもらえなかったが、離婚時年金分割制度の導入で当事者の合意または裁判所の決定があれば、厚生年金も分割してもらえるようになった。「定年までサラリーマン生活を全うできたのはあなた一人の力じゃない。私の支えがあったからこそ」という世の奥様方の主張が受け入れられたわけだ。生活の基盤が強化されたことで、離婚に踏み切る妻が増えるのは確実と言われた。

しかし、フタを開けてみれば、二〇〇七年以降も離婚件数はほぼ横ばいである。思うより実行は難しいのだろう。

「結婚は情熱、離婚は経済」とはよく言ったもので、最近は「いただくものはいただくわよ」とドライに考える女性が増えている。たとえば、NPO「日本ファイナンシャル・プランナーズ協会」の調べによれば、定年間近の団塊世代を対象に「退職金は誰のものか」と質問したところ、男性の六八・九％が「自分と妻のもの」と答えたのに対し、女性は五七・二％が「自分のもの」と答えている（「セカンドライフと退職金」に関する意識調査二〇〇七年）。

この数字を見て残間里江子さんの『それでいいのか　蕎麦打ち男』（新潮社）に出ているこんな話を思い出した。

早期退職して割り増し退職金をもらった夫は、「目録だけでは実感がわかない」という妻の求めに応じ、退職金を現金化し、家に持ち帰った。ところが翌朝、夫が目を覚ますと妻の姿がない。テーブルに一枚の紙きれがあった。「長い間お世話になりました」。妻は退職金とともに消えていた――。

何とも怖い話だが、ここまでの覚悟はともかく、夫への強い不満から心中ひそかに「子供が成人するまで」「大学に入るまで」「結婚するまで」「夫が定年を迎えるまで」などと節目を設定し、夫との関係を清算したいと思っている妻は相当いるはずだ。

その場合、離婚の大きな理由の一つになるのが「性格の不一致」である。「やることなすこと何もかも違う、合わない」というので、そのような言葉が使われるのだろうが、クローン人間でもない限り、二人の性格がぴたりと重なることなどあるはずもない。

もとより夫婦というのは、もともとアカの他人である。それがたまたま縁あって知り合い、結婚し、同じ屋根の下で暮らすことになっただけなのだから、性格が不一致なのは当たり前のことなのだ。

脚本家の橋田壽賀子さんが、日本経済新聞のインタビュー（二〇〇七年二月二二日）に答えて、結婚というのは「演技と計算で成り立っている」ところがあるから、「みせかけでも仲の良さを保つ。いわば仲良しごっこも夫婦には大切」なのだと述べていた。

ときには嘘も方便で、上手に演技と計算ができれば、性格の不一致も乗り越えられるというのが、橋田さんの主張だ。しかし最近は女性のほうが一枚上手なのか、男性のほうがだらしないのか、定年後、離婚届を突きつけられ、「まさか、別れようと思っていたなんて、ちっとも知らなかった……」とおろおろする亭主族が増えている。

「仲良しごっこ」にまんまとしてやられ、退職金までがっぽり持って行かれたら、それこそ気の弱い男なら死にたくなるかもしれない。

角川春樹さんの一行詩にこういうのがある。

鷽替《うそか》へや　をんなの嘘は嘘でなし

まさに女の嘘は嘘ではない。本音なのである。演技と計算の妻の「ごっこ」を読み誤ると、後で夫はとんでもないしっぺ返しを食らう。

ちなみに鷽替とは亀戸天神や太宰府天満宮などで行なわれる神事のこと。鷽は「幸運を招く鳥」とされ、前年の「嘘」を「真」に替えるなど正しい幸運を招くために木彫りの鷽を新しいものに取り替える行事だ。

さて、いざ熟年離婚の危機に直面したらどうすればいいか。

もう顔を見るのも嫌だというなら、打つ手なしだが、別に憎しみ合っているほどではないなら、「ペーパー離婚」で籍だけ抜いて、とりあえずそのまま同居してみる、というのはどうか。これはノンフィクション作家の久田恵さんが産経新聞の連載コラム「家族がいてもいなくても」（二〇〇七年四月六日）で紹介していたもので、なかなか面白い。

それまでと同じような生活をしていても、戸籍上はすでに他人だから、「彼はもう夫じゃない」「彼女はもう妻じゃない」とお互い割り切って相手を見られるようになる。すると不思議なもので、それまでにはなかった遠慮や気遣いが生まれて、案外、二人とも自由に、気楽に同居生活ができるらしいのだ。

書類上は離婚だが、実態上は同居が続いているのだから、二人の関係が破綻《はたん》しているわけではない。その延長で互いにやり直せると思えば、また婚姻届を出せばいい。逆にやっぱりダメだとなれば、同居を解消し、本物の離婚に至ればいいだけのことだ。

何十年も共に歩んできたのだ。見切りをつける前にそうやって様子見をするくらいの歩み寄りがあってもいいはずだ。子供たちにとっても悪くない選択だと思う。

熟年再婚には避けられない「問題」がある

　離婚や死別などで一人暮らしの高齢者が増えている。その数は約三八六万人（二〇〇五年国勢調査）。内訳は男性が約一〇五万人（一〇人に一人）、女性が約二八一万人（五人に一人）だ。一九九〇年の「一人暮らし高齢者」の数は約一六二万人。十五年でおよそ二・四倍に膨らんだことになる。

シニア世代のシングルが増える一方で、再婚もまた急増している。二〇〇五年に結婚した夫婦のうち、どちらかが六十歳以上の再婚者のカップルは約一万九〇〇〇件。これは十年前のほぼ二倍である。人生八十年時代、やはり一人は寂しい。二人でもう一度、余生を楽しみたい――。そんなふうに考える人が増えているのだろう。

　そう言えば、熟年離婚し、その後に再婚した知人が、こんなことを言っていた。

「女房とはお互い納得ずくで別れましたから、離婚自体の痛手はなかったんです。それより別れた後の一人身の寂しさですよ。家に帰っても真っ暗だし、物音一つしない。

シーンと静まり返っている。その寂寥感《せきりょうかん》たるや尋常ではありません」

人はいつ知人のように一人暮らしを余儀なくされるかわからない。だから、一人で映画を観たり、食事をしたり、旅をするなどして、なるべく孤独に慣れておく必要があるのだが、なかなか離婚や死別の状況が想像できないからか、一人暮らしの訓練をする人は少ない。そして、いざ一人になると、想像を絶する孤独感に、家に帰るのが怖くなったりする。

「家に帰ったら、真っ先に何をすると思います？　テレビをつけるんですよ、それもけっこう大きな音で。そうしないと静かすぎてダメ。不安になる」

知人は、そんな暮らしに耐えかねて、その後、一人でよく旅に出るようになった。家で一人でいるより気が紛れるし、新しい出会いもあるからだ。再婚したいまの奥さんもまさにそうで、中国へ旅したとき、同じツアーに参加したのだった。

「最初はお互い、結婚するつもりはなく、恋人同士でいいんじゃないのと思っていたんです。相手もバツイチでしたし、籍を入れて、またおかしなことになるのは、もうたくさんだという思いもありましたしね」

二人は一緒に住むこともなく、まったくフリーな恋人同士を謳歌《おうか》しようと考えていた。それはありていに言えば、セックスを伴うよきボーイフレンドでありガールフレンドだ。共に暮らす事実婚のような関係さえ、二人は疎ましいと思っていたのだ。そんな二人が最終的には籍を入れ、再婚した。理由は双方の子供たちが、「もう一度、青春すれば」と応援してくれたからだそうだ。

おそらく知人のケースは、熟年再婚ではかなり恵まれたケースだと思う。熟年再婚の場合、どちらかが亡くなれば、そのときの連れ合い（配偶者）が財産の半分を相続する権利を持つ。子供にしてみれば、親が再婚しなかったら、全額相続する権利があったのに、再婚相手の出現によって遺産が半減してしまうのだ。親にそれなりの財産があるなら、まず間違いなく子供たちは反発するし、たとえ家一軒だとしても、面白くないと思う子供はいるはずだ。

知人もそうしたことを懸念し、籍を入れるつもりはなかったのだそうだ。それでも再婚に踏み切ったのは、息子さんのひと言だったという。

「せがれに言われたんですよ。どうせオヤジのほうが先にヨボヨボになる。そのとき、あの人は、オヤジがその年で惚れたほどの人なんだから、そんなオヤジを放っておけるような人じゃないんだろ？　なのに籍が入ってなかったら、あの人が気の毒だよ。

だってそうだろう。オヤジの面倒を見て、先にオヤジに逝かれたら、まるで家政婦さんじゃないか。そんなひどいことはしないよな、と」

それから知人は彼女と二人で話し合い、子供たちの考えも聞いた。すると向こうの子供たちも、「そこまで考えてくれるなら、応援しましょう」と言ってくれたのだという。

もともと熟年再婚には「老い」の問題がついてまわる。このため再婚を希望する人は、男性であれば、「老後の面倒を見てほしい」、女性であれば、「前の夫とは違う心穏やかで経済的に豊かな生活がしたい」という思いを抱えている場合が少なくない。

両者の間には埋め難い溝がある。そのあたりをうまく見極めることができないと、せっかく再婚しても長続きはしない。理想と現実のギャップに悩んだ挙句、再離婚になるのがオチだ。そしてこの手の人は、懲りずに再々婚をめざすのである。

いずれにしろ熟年再婚では「老い」は避けて通れない。脳梗塞《こうそく》で倒れたご主人を何年も介護した末に亡くし、その後、縁あって再婚した相手がまたもや脳梗塞で倒れ、すでに三年も介護している女性がいる。何の因果か、運が悪いとしか言いようがない。

とはいえ、いくつになっても恋のできる人は素敵だと思う。異性にトキメキを覚えるのは、前頭葉を活性化する最良の方途の一つだ。早期認知症の専門医である金子満雄さんも言っている。「恋する人はボケない」と（『生き方のツケがボケに出る』角川文庫）。

その恋の行方が婚姻届にまで発展した場合は、後で相続で揉《も》めないように、必ず遺言状や手紙で子供に明示しておくことだ。くれぐれも相続を甘く見ないことである。

子供をアテにするのは、やめたほうがいい

第二の人生を考える場合、子供が独立しているかどうかは決定的に大きな意味を持つ。すでに独立しているなら、リタイア後の生活費は、すべて自分たち夫婦のためだけに使える。しかし、家に寄生したパラサイトな息子や娘がいる場合は、そうはいかない。子供のせいで自由にお金が使えないばかりか、どんどん蚕食《さんしょく》されていく。

パラサイトな息子を抱える五十歳代後半の編集者とこんな話をしたことがある。

「例の息子、その後、どうしたの？」

「いやあ、相変わらずですよ。いまだにコンビニでバイトしながら、夜になると駅前に行って路上ライブだとか言ってギターを鳴らして歌ってます」

「もう三十歳だろう。いい加減、夢を見るのは諦めさせたらどうなの？」

「この間も話したんですけどねえ。なかなかうんと言わないんですよ。でもまあ、うちもローンはすんでるし、食事も二人分が三人分になってもたいして食費は変わりま

せんから。それに早く家を出て自立しろと言っても、コンビニのバイトじゃ、どのみち一人暮らしはできません。しょうがないですよ」

それを聞いて、「ああ、この男は本気で息子を独立させる気はないんだな」と思ったものだ。その編集者は大手の出版社のそれなりのポジションにいて、世間から見れば、高給をもらっている。退職金だってかなりの額になるだろう。息子一人がパラサイトしたところで、痛くもかゆくもないと思っているのである。

団塊の世代は、自分たちは親にガミガミ言われて育ったから、子供には個室にテレビを与えるなど過剰に自由を与えた。フリーターは不況を背景として語られることが多いが、こうした親の世代の放任主義も大きな要因としてあるのではないか。

団塊より上の世代は、子供が大学を出て「作家になる」とか「ミュージシャンになる」などと言ってブラブラしていれば、厳しく叱り、許さなかったが、団塊世代は認めた。そういう親の甘さが、子供の自立を妨げてきた面もあるようだ。

その一方で、いつまでも子供を手元に置いておきたい子離れのできない親の姿もそこにはある。親も親なら子も子で、持ちつ持たれつのズブズブの関係なのだ。

しかし、人生、どこで何が待っているかわからない。現役のいまは負担が少なくても、定年後、思わぬ大病や老親介護などで多額の出費を強いられないとも限らない。人生八十年時代のいま、リタイアしても両親が健在という人は少なくないはずだ。しかも老親は夫婦それぞれにいるから、いずれも健在なら、老親介護の対象は四人ということになる。

それを考えたら「子供の一人くらいどうってことない」などとのん気なことは言っていられないはずなのだ。パラサイトな息子や娘がいるなら、タダ飯を食わせ、タダで雨露しのがせるような甘やかしはただちにやめるべきだ。そんなことをしているから、コンビニのバイトでもそれなりに楽しく生きられてしまうのである。

たとえ一〇万円の稼ぎでも、食費と住居費がタダなら、すべて自分のために使える。一人暮らしをすれば、東京ならアパート代だけで最低六万円くらいはかかる。その費用がまるまる浮く。しかも、そのまま寄生し続ければ、やがて親は死んで、うまくすれば、家とそれなりの預貯金などが相続できるかもしれない。

パラサイトなフリーターというのは、案外、いい身分なのである。だから一度その味をしめるとなかなか抜け出せない。クセになる。どこかでその悪癖を断ち切らないと、いつか親も子も手痛いしっぺ返しを食らうのではないか。

まずは親が子供への甘やかしを捨てること。そして毅然《きぜん》として食費と部屋代を要求することである。まともな子供なら、これで「そろそろ家を出ないとヤバイかな」と考える。

ただし、バイトで月一〇万円の稼ぎでは独立しようがない。子供がその気にさえなったら、あらゆる手を尽くして定職に就けるよう支援することだ。現役のうちであれば、場合によっては会社の肩書きがものを言う。取引先などにコネで押し込むならいまのうちである。

夢が捨てられない子供には、「会社勤めをしながらでも夢は追える。それが無理というのはお前の逃げだ」と説き伏せる。パラサイトな息子や娘は、そうやってサッサと独立させて家から追い出すに限る。

こういう話をすると、「うちはもう所帯を持って独立してるから大丈夫」などと我関せずの人がいるが、どっこい安心はできない。子供夫婦と適度な距離を保っているならいいが、干渉が過ぎると、それが原因で離婚してしまい、出戻ってきたりすることもある。

こうなると、せっかく肩の荷が下りたのに、またやっかいなことになる。それこそ子連れで戻ってきたりすれば、孫の世話までしなければならない。だから、子供夫婦のことには干渉しないこと。孫のことにも口出ししないことだ。

なお、世の中には子供のことを「老後の保険」だと思っている人がいる。「子供が親の面倒を見るのは当然」とか、「そのために家も預貯金も残してやるんだから」とか、古くからあるステレオタイプの意見もいまだによく耳にする。

しかし、それは親の甘え、あるいは身勝手というものだろう。子供に一方的に親の価値観を押しつけるのは考えものだし、もとより子供には子供の人生がある。子供になるべくいい教育を授け、望むような仕事に就けるよう手を尽くすのは、子供の将来を考えてのことであって、何も自分の老後の面倒を見させるためではないはずだ。

いつまでも親の手を煩わせるパラサイトな子供が少なくない昨今、定職に就いて、ちゃんと一人立ちできているなら、それだけで十分親孝行というものではないか。

だから、子供などアテにせず、恬淡《てんたん》として晩年を生きたほうがいい。下手にアテにしていると、頼りにならないとわかったとき、惨めである。期待は大きければ大きいほど、かなえられなかったときのショックも大きい。

「あんなに苦労して大学まで出してやったのに。いまではろくに家にも寄りつかない。

親の面倒を見る気もないのか。まったくなんてやつだ」

そんなふうに我が子を頼り、嘆く前に、一度、我が身を振り返ってみてはどうか。口うるさく孝など説かずとも、ちゃんと親の面倒を見る子供はいる。子供は、親が育てるように育つ。無論、すべてではないが、その面が少なくない。

子供に温かく見守られ、最期を迎えられるかどうか――。

親は人生の最期に子育ての答えを突きつけられるのだ。

「仕事抜き」でつきあえる友人をつくる

去るものは日々に疎し。定年を迎え会社を離れると、年賀状も中元歳暮も激減する。潮目を見ながら人づきあいをするのが、会社というサラリーマン社会の人間学だ。

「友人などいなくても一人で楽しい老後は過ごせる。一人で楽しめる趣味もある」。こういう孤独を楽しめる人はいい。しかし、農耕民族は概して孤独に弱い。いざ定年を迎えて「友人がいないのは寂しい」と、人恋しさに襲われる人は少なくない。

無聊を慰めるためにといっても、定年後、新たに友だちをつくるのはなかなか難しい。学生時代の同窓生と連絡を取り合ったり、趣味の仲間を見つけるなど、肩書きを外してつきあえる人間関係をいまのうちにつくっておくことだ。仕事以外のネットワークは現役生活の潤いになるし、定年後の生活も豊かなものにしてくれる。

友人は、受身で待っていてはできない。自ら行動するしかない。とにかくいままでとは違う環境に自分を置くことである。そうすれば、必ず新しい人間関係が生まれる。

たとえば一人で旅に出る。何か趣味を始めてみる。旅や趣味は新たな出会いの宝庫だ。

そんなとき役に立つのが、プライベートの名刺だ。四十歳代の知人に野良猫の写真を撮るのが趣味で、暇さえあれば、あちこちの街へ出かけては路地から路地へと散歩を楽しむサラリーマンがいる。彼はその途中で猫を見つけるとカメラに収める。プライベートの名刺には名前の上に自分で描いた猫のイラストとともに「野良猫写真家」と入れてある。もらった人は、「ほお！」となり、まず間違いなく、興味を持ってくれるそうだ。

現役だろうが、定年後だろうが、そういう仕事以外の名刺を作っておくといい。肩書きのない名刺でもいいが、個性的な肩書きのついた名刺のほうが相手に覚えてもらいやすい。

友だちをつくるには五つの点に注意するといい。

①身分の上下にかかわらず、損得抜きでつきあう

学歴や肩書きをひけらかさない。相手を学歴や肩書きで見ない。理想は「釣りバカ日誌」のハマちゃん（万年ヒラ社員）とスーさん（社長）の関係だろう。

②なるべく明るく振る舞う

「上機嫌は人が社交界でまとい得る最上の装身具の一つである」（英国の作家サッカレー）という言葉もある。明るく陽気な人のところには人も運も集まってくる。暗く陰気で、愚痴ばかりこぼしていたら、人も運も逃げていく。

③聞き上手になる

自分の関心領域に相手を引っ張り込んで、一方的にしゃべりまくる人がいるが、あれはいただけない。聞かされるほうはたまったものではない。西洋のことわざにもある。「賢者は長い耳と短い舌を持つ」と。「話三分に聞き七分」を心がけるといい。

④謙虚になる

自慢話はしない。相手が素晴らしいと思えば、素直に褒める。褒められて喜ばない人はいない。自分に非があれば、すぐに謝る。頭を下げても評判は下がらない。自分を高みに置いて相手の粗探しばかりしない。よいところに目を向け、つきあうのも大事なことだ。

⑤なるべく若い友人を持つ

人の出会いに年齢制限はない。なるべく若い世代の友人を持つといい。彼らは情報感度もいいし、いろいろな刺激がもらえる。気持ちが若くなり、老化防止になる。

友だちはお金では買えない。生きていくうえでかけがえのない存在であり、財産だ。よい仲間がいれば、悲しみは半減し、喜びは倍増する。テニスやゴルフのように一人ではできないことも、友人がいれば、「どう、今度」と互いに誘い合うこともできる。人を傷つけるのも人間なら、凍えた心を温めてくれるのも人間だ。

とはいえ、友だちを増やそうと無理してつきあうことはない。そのためにくたびれてしまったのでは何のための友だちかわからない。「合わないな」と思う人とは無理してつきあわないことだ。せっかく会社のしがらみを離れることができたのだ。つきあいたい人間のストライクゾーンは狭くて当然。必要以上に他人とうまくやろうと思わないこと。

いずれにしろ生涯の友を得るには、相手のためにできることを精いっぱいして、けっして見返りを求めない「ギブ・アンド・ギブ」の精神がないと無理だ。

「これだけしてやったのだから、あいつもこれくらいのことはしてくれて当然だ」などと下心があったら、いずれ二人の関係は破綻するだろう。見返りを求める心が満たされなければ、相手に対する不満がたまっていき、やがて暴発するに決まっているからだ。

大切な友人とはまめに連絡を取り、交流を絶やさないことだ。何もしょっちゅう顔を合わせる必要はない。手紙でも電話でもメールでもいい。自分の近況を知らせ、相手の健康などを気遣うことだ。たったそれだけのことで遠方の友人とも心が通じ合う。

年に一、二度、必ず手紙をくれる富山の友人がいる。ペリカンの万年筆でインクはブルー・ブラック。味のある字でユーモアの利いた文章をさらりと書く男だ。二十年以上前、私は肺を患い、しばらく入院したことがある。それ以来、結びの言葉はいつもこうだ。

「おい、無理はするなよ」——。友だちというのはありがたいものだ。

これからは恋愛関係でない異性の友人を持て

俗に男と女の友情は難しいという。どちらかが恋愛感情を持ってしまい、気まずくなることが多いからだろう。そうしたことがなくても、どちらかが結婚すると、相手のパートナーに変に勘違いされても困るからと連絡を控えるようになり、次第に距離ができてしまうことも少なくない。「結婚した途端に異性の友だちが減った」とはよく聞く話だ。

では、実際のところはどうなのか。内閣府の『第六回高齢者の生活と意識に関する国際比較調査』（二〇〇五年）によると、六十歳以上で「同性と異性の友人がいる」（つまり「同性だけでなく異性の友人もいる」の意）と答えた割合は、日本の一八・五％に対し、米国では四〇・一％、ドイツでは四五・七％、フランスでは五五・〇％を占めた。

日本では五人に一人だが、欧米では二人に一人は異性の友だちがいるのである。結婚しても異性の友だちとフランクにつきあえるかどうかの文化的な違いが大きいのだろう。

ともあれ、いくつになっても異性の友だちがいるというのはいいものだ。私にもそういう存在が何人かいるが、たまに会って食事をするだけでも、けっこう楽しい時間が過ごせる。長年連れ添った夫婦でも趣味や好みは違うことが少なくない。連れ合いが興味を示さないような映画の話でも異性の友だちとは時間を忘れて話せたりするものだ。それだけで定年後の生活は、質の高い豊かなものになる。

知り合いの編集者が面白いことを言っていた。

「異性の友だちですか？　いますよ、大学時代の仲間でいまでも年に一、二度食事をする女友だちが。昔から映画や音楽の趣味が合うんですよ。大学時代はお互いつきあってる相手がいたから恋愛感情を持たなかった。それに卒業してすぐに彼女は結婚しちゃったし。たぶん、それがよかったんでしょう。以来、友だちのラインが一本びしっと引かれたままこの年までこられた。だいたい会うのは、彼女ならこの映画を観てるだろうな、って思うようなタイミングかな。すると案の定、彼女も観てるんですね。それで映画をさかなに盛り上がるわけです。会社の女の子と修羅場になりそうなとき相談に乗ってもらったりもしました。あなたのためだからって、容赦のない直言をもらい感謝したものです」

聞いていると羨ましくなるような異性の友人関係である。「でも、絶対に一緒に映画を観たりコンサートに行ったりはしない」のだそうだ。なぜか。

「それやっちゃうとデートになっちゃいますから。そういうことはカップルのやることだっていうのが二人の解釈というか定義なんです。だから絶対にしない。これは二人の間の暗黙のルールです」

なるほど、男と女の友情というのは、こういう微妙なバランスの上に成立するものなのか、と妙に納得したものである。そう言えば、私も食事はしても一緒に映画などに行ったりはしない。男と女の機微とはこういうものなのかもしれない。

せっかくそこまで話してくれたので、思い切ってこんな質問をしてみた。

「ところで、二人の連れ合いは、お互いの存在を知ってるの？」

「お互いの結婚式にも呼ばれているので、もちろん知ってますよ。ただし、たまに会ったりしてるのは内緒にしてます。やましいことは何もないんだから、今日は○○と飯を食べてくるよ、って正直に言えばいいのにと思わないこともないんです。立場が逆なら、やっぱり言ってほしいと思うし。でもね、聞けば聞いたで、やっぱり気になると思うんですよ。だったら、何もわざわざ余計な波風を立てることもないいんじゃないかと」

それはそれで一つの考えではあると思う。ただし、知り合いに目撃されるなど何かの拍子に二人の関係が露見したときは、いくら「ただの友だちだよ」と言ったところで、必ず連れ合いは「だったら、何でこそこそ隠れて会う必要があるの？」と不審の目を向けるに決まっている。どのような方便を用意しても、疑念を持たれるリスクは避けられない。

だから私の場合は、女友だちと会うときは「今日はデートだから」とあえて宣言するようにしている。そしてその日は、女房の好きなもの——たとえば、クッキーやワインやバラの花など——を、必ずお土産に買って帰ることにしている。夫婦であれば、連れ合いが異性の友だちと会っても、そうした心遣い一つで気持ちは通じるし、安心するのではないだろうか。

いずれにしろ、食事をし、お酒を飲むなら、異性と一緒のほうが断然楽しい。**不倫の関係ではない異性の友人は、定年後の人生を必ず豊かにしてくれる。**

異性の友だちがいれば、おしゃれにも気を使うし、食事の場所もあれこれ考えたりする。前頭葉の刺激にはもってこいで、いつまでも若くいられるし、ボケ防止にもなる。いないなら、ぜひつくるべきだ。

何も難しく考えることはない。異性の友人を得るにも、趣味でも旅行でも何でもいいから、それまでとは違う、新しい環境に身を置くことである。

同じ場所にいたのでは何も変わらない。昨日までとは違う場所に自分を移動させることである。そうすれば、必ず新たな出会いがある。

充実した定年後のために、異性のよい友人を持ちたいものである。

ストレスのない「ご近所づきあい」の秘訣

現役のサラリーマンは、会社と家の往復で、地域のつきあいは少ないはずだ。その部分は、もっぱら奥さんが担っているのが普通だろう。このため「夫の地域への参加不足」を嘆く風潮もあるが、五十歳代ともなれば、会社でもそれなりの仕事をしているだろうし、残業だってある。地域に縁がないのは、ある意味、仕方のないことだ。

しかし、いざリタイアすれば、地域とのかかわりは嫌でも増える。会社のつきあいがやっとなくなったと思ったら、今度はご近所づきあいをしないといけない。これをうまくやらないと、定年後の暮らしは、たちまち面倒なことになりかねない。

作家の重松清さんは『定年ゴジラ』（講談社文庫）で会社一筋に生きてきたサラリーマンの定年後のありようを「ご近所デビュー」なども含めて情感たっぷりに描いた。主人公が先輩定年組の町内会長からこう言われる場面がある。

「ジャージは禁物ですぞ。腰を痛めます。腹も出ます」

ご近所づきあいの機微というものが、ここには凝縮されているような気がする。会社を離れたら、義理やしがらみとは無縁に生きたい。嫌な人、そりが合わない人とはなるべくつきあいたくない――。誰だってそう思う。

しかし、現実はそうも言っていられない。**ご近所づきあいでは、気の合う人ばかりではないと諦め、なるべくストレスのない範囲でのつきあい方を考えることだ。**それが最も現実的で、賢明な生き方である。そして本当に自分の輝ける場所は、趣味の仲間など別の場所に求めればいい。

リタイア後の人生を充実したものにするには、そのあたりの居場所の切り替えが上手にできるかどうかが、案外、大事なポイントになるような気がする。

定年後、上手にご近所デビューをするには、何をおいてもまずきちんと挨拶《あいさつ》をすることだ。挨拶は人の心を開かせる最良の薬である。それも相手より先にするのがポイントだ。現役時代の肩書きが立派な人ほど、これが難しい。苦手だからこそ気をつけたい。

町内会活動は、おつきあい程度ですませるのが無難である。下手に役員などを引き受けると、時間も取られるし、冠婚葬祭などの出費もバカにならない。

会社の肩書きをそのまま町内会の役員会などに持ち込み、上から見下すようなもの言いをして顰蹙《ひんしゅく》を買う人がいるが、これも気をつけないといけない。

どんな組織でも新参者はその組織の流儀を知らない。それを自分のいた会社の常識をモノサシにして、「こんな非効率なやり方は改めたほうがいい」などと言えば、たとえそれが正論であったとしても、それまで組織の運営にかかわってきた人たちは面白かろうはずがない。波風が立つのは必定である。

そう言えば、こんな話を聞いたことがある。

定年を迎え、ご近所デビューしたある人が、大企業にいたキャリアを買われ、町内会の役員を頼まれた。張り切って、「こうすれば、もっとうまくいくはずです」というくつも提案を行なった。すると他の役員から「何も知らないくせに！」と総スカンを食らい、ありもしない噂を流されるなど地域ぐるみのいじめを受けるようになった。マイホームを買って十数年住んだ街だったが、いたたまれず家を売却、よその街へ引っ越してしまった——。

よかれと思った改善提案であっても、古くからいる人たちを差し置いて仕切ろうとすれば、必ず嫌われる。地域のつきあいでは、でしゃばらず、脇役に徹するのが鉄則である。

なお町内会というのは、先の戦時下、大政翼賛会《たいせいよくさんかい》の末端組織として制定されたものだ。いまでは任意団体であり、加入の義務はない。ただし実際には地域で隠然たる力を持っており、加入する家庭が多い。スパッと切り捨てたいところだが、そうもいかない。

「ご近所」とは、つかず離れず、適当につきあうのがいちばんいい。

5章

「不満知らず」の10の条件

年甲斐もなく遊び、生きればいいじゃないか

「会社の肩書きがなくなれば、ただの人」

大会社の幹部社員として肩で風を切って歩いていたのに、定年退職した途端、花が枯れるようにしょぼくれてしまう人がいる。一方で現役時代、大きな出世はかなわなかったものの、第二の人生は趣味に遊びにいきいきと過ごす人もいる。

サラリーマン時代に笑い（泣いて）、定年後に泣く（笑う）――。

その差は何か。思うにそれは、現役のうちに会社離れをする準備ができていたかどうかの違いではないだろうか。サラリーマン人生は、所詮、会社から与えられたものだ。どれだけそこに大きな生きがいを見出したとしても、辞めれば、拠《よ》り所《どころ》は失われてしまう。それに気づいた人は現役のうちから少しずつ会社離れができるが、気づかない人は辞めた後も会社に未練を残す。その思いが強い人ほどアイデンティティの喪失感も大きい。心にぽっかり穴が開いてしまう。この傾向は一般に仕事一筋で、しかも大企業でそれなりのポジションまでいった人ほど顕著のようだ。

会社の肩書きがなくなれば、ただの人。問われるのは裸の人間力なのに、リタイアした後もそれまで勤めていた会社の大判の社封筒を持ち歩いたり、わざわざ「元〇〇〇〇株式会社〇〇本部長」などという名刺を作ったりする人がいる。**セカンドライフを第一の人生と同じ色に染めようと思ったら辛いだけだ。**ゆがんだプライドは、哀れで痛い。

あるとき駅のホームで電車を待っていると、近くの初老の男性が携帯電話で話すのが聞こえてきた。名の知れた大企業のOBらしく、かつての同僚や部下に「今度ゴルフでも一緒にどうか」と誘っているのだ。電車を待つ間に、その男性は三人に同様の電話をかけた。話しぶりから色よい返事は誰からももらえなかったと察しがついた。

会社は利益共同体だから、そこでの人間関係はどうしても義務的であり、妥協と打算の産物になりがちだ。それゆえにリタイアすれば、年賀状や中元歳暮などは、潮が引くようにぱたりと来なくなることが多い。会社の肩書きあっての人間関係なのだ。肩書きがなくなることの落差は、なくなって初めてわかるほど大きなものである。

会社の肩書きが捨てられない人は、それがわからない。だから会社を離れても平気でかつての人間関係のままに「ちょっとゴルフにつきあえよ」などと誘ったりする。

誘われたほうは、内心「いつまで上司面してるんだ?」「何か勘違いしてないか?」と思っている。この手のタイプは、会社を辞めた後も古巣のことを「うちの会社」と呼び、OB会などに嬉々として出かけていく。かつての部下に幹事をやらせ、現役時代の序列をいっとき味わい、生きる縁《よすが》としたいのだろう。

私は四十歳代前半のとき、十五年勤めた新聞社を辞め、いまの編集プロダクションを起こしたが、以後、その新聞社や同僚たちにこちらから連絡を取ったことはない。好きなように生きられる自由を得た代わりに肩書きを捨てたと思えば、会社には何の未練もなかったし、一緒に遊べる気のおけない友だちはもともと会社以外にいたからである。

その経験から思うのは、現役のうちから会社離れをする準備を始めておいたほうがいいということだ。六十歳定年なら、その後も働くにせよ、完全にリタイアするにせよ、五年前の五十五歳くらいからその準備にかかるのがちょうどいい。この頃になれば、会社での先行きもおおよそ見当がつくし、住宅ローンの返済も峠を越す。子供たちも手がかからなくなる。責任や義務が徐々に軽くなり、ゆとりが出てくるからだ。

たとえば、会社の肩書きを使わない生活を意識的に心がける。社用車を使える人は使用を控える。会社のお金で飲み食いしない。タクシーを使わず電車で動く、歩く。

生活レベルも定年後の収入に合わせる。年金生活はもとより、再雇用や再就職などで働くにしても収入は大きく下がる。それまでのせいぜい三〜七割程度だろう。それを想定して、ある程度慣れておかないと、後であまりの落差にショックを受ける。

リタイアする場合は、「毎日が日曜日」になっても戸惑うことがないように意識して、プライベートを楽しむ時間を増やしていく。映画や芝居、コンサートなどに足を運んだり、週末には小旅行に行くなど、自分なりの遊び方を覚えていくといい。

また定年後、ゴルノなどを楽しみたいなら、いまから会社以外の人間と交遊を深めておくことだ。孤独な老後を回避するための大事なポイントである。

お金がなくても楽しめる方法を見つけておく

一九四七年から四九年生まれの団塊人口はおよそ七〇〇万人。彼らはお金のかかる子育ても卒業し、住宅ローンの返済も目処がついた世代だ。

この団塊世代のサラリーマンが二〇〇七年から〇九年にかけて一斉に定年を迎えた。その数ざっと三〇〇万人。受け取った退職金は総額五〇兆円にのぼったという。しかも年齢的に親の遺産が転がり込む時期でもあり、その恩恵に与《あずか》った人もいただろう。

退職後の彼らは豊かで自由な時間をたっぷり持つ「金時豆」。ビートルズにジーンズの洗礼を受けたおしゃれで遊び好きの世代は、第二の人生も大いに楽しむはず――。

そんな思惑から、いまや巨額の団塊マネーは、「夫婦二人で豪華な船旅はいかが?」とか「二人だけの記念にダイヤのペンダントはどう?」などと、旅行業界やホテル業界はもとより、宝飾、不動産、自動車、外食、レジャー、果てはパチンコ業界まで、数多《あまた》の業界、企業から、文字通りハイエナのごとく狙われている。

一説によれば、団塊世代の大量退職による消費の押し上げ効果は六兆円以上といわれ、実際、リゾート物件や中型以上のバイクなどシニア世代向けの贅沢品需要が伸びつつあるとも聞くが、この退職特需、一大ブームになるかどうかはちょっと疑問だ。

各種のアンケート調査の結果から、団塊世代は「定年後も働きたい」と考えている人が圧倒的に多いことがわかる。たとえば、厚生労働省の「第一回中高年者縦断調査（中高年者の生活に関する継続調査）結果の概況」（二〇〇五年調べ）によれば、男性の五十五〜五十九歳の約八割が「六十歳以降も仕事をしたい」と答えている。その後の第四回調査（二〇〇九年）では、**六十〜六十二歳で仕事を続けている男性は約八割。みんな働いているのだ。**定年後、「毎日が日曜日」になる完全リタイア組は五十歳代後半で二割程度にすぎない。

それでも団塊世代の退職特需に期待が集まるのは、「定年後、働きたいと思っていても、フルタイムの仕事を希望する人は一〜二割で、彼らは趣味や遊びも大事にする傾向が強い」といった大手広告代理店の分析が、まことしやかに流れているからだ。

完全リタイア組はお金に余裕のある人が多いだろうし、働いてもフルタイムでなければ、けっこうお金を使ってくれるのではないか――。そんな下心がマーケットにはあるわけだ。

だが、それはあまりにも都合のいい解釈ではないか。定年後もなぜ働きたいのかといえば、老後の生活費や健康面で不安を抱えている人が多いからだ。各種のアンケート調査で定年後の不安をたずねれば、必ずこの二つが上位を占める。

六十五歳にならないと年金は満額もらえない。それまでは生活のため背に腹は代えられないという人も多い。「宙に浮いた年金」など昨今の年金不安を考えれば、なおさらそうだろう。

それに豊かな世代といっても、貯蓄のまったくない世帯が五十歳代、六十歳代でともに約二割もいる。貯蓄のある世帯でも五十歳代の一九%、六十歳代の一五%は五〇〇万円未満だ。それでもリッチな世代のイメージがあるのは、三〇〇〇万円以上も貯蓄のある世帯が五十歳代で一〇%、六十歳代で一七%もいて全体の平均値を大きく押し上げているからだ（金融広報中央委員会「家計の金融資産に関する世論調査」二〇〇九年）。

団塊と一括《ひとくく》りにしがちだが、もとより一色ではない。多額の退職金が手にできて、たっぷり蓄えもある大企業やお役所勤めの人などはほんの一部にすぎない。となれば、

「いつまで生きるかわからないし、将来の医療費や介護費用も心配だ。働けるうちは働いて、将来に備えたい」、そう考える人が多いのは、ある意味、当然ともいえる。

フルタイムではないにせよ、定年後も働く人たちは、一部の富裕層のようにはゆっくり趣味やレジャーを楽しむ余裕はないだろう。将来の生活や健康不安を考えれば、少なくとも年金が満額もらえる六十五歳までは、後先考えずにお金を使える状況にはないからだ。

実際、大手の金融機関などは、退職金のほとんどは住宅ローンの返済や貯蓄にまわり、当座、消費にまわるのはせいぜい一割程度と見ているようだ。退職記念の海外旅行などにドンとつぎ込む人もいるだろうが、大方は堅実で、財布の紐はそう簡単に緩みそうもない。

だが一方で、定年後、働くにしてもフルタイムはもういいという人が多いのだから、趣味や遊びで生活を楽しみたいという意識が、潜在的にこの世代に強いのも事実だろう。そう思って昨今のヒット商品を眺めると、いくつか見えてくるものがある。

たとえば、ＪＲ東日本の「一日乗り放題」の格安切符（期間限定）や外資系の月会費五〇〇〇円程度の格安フィットネスクラブなどの人気を支えているのは紛れもなくこの世代だ。団塊の世代はモノよりサービスにお金を使う傾向が強い。しかもお仕着せを嫌う。パック旅行より自分でプランを作る個人旅行を好む。堅実な財布の紐が緩むとしたら、そのあたりの思いと嗜好をどれだけつかんで需要を掘り起こせるかだろう。

従来、定年世代向けのビジネスといえば、やれ海洋クルーズだリゾート物件だと主に富裕層を狙った高額な商品・サービスが目についた。今後は定年後も働くが、プライベートも大事にしたい人たち向けの格安乗り放題切符のような「お得感」のある「ちょっと手軽に遊べる」商品・サービスが増えるのではないか。

定年後も働く人は、それらを上手に利用して、あまりお金をかけなくても十分に楽しめる自分なりの遊び心を育て、会社離れと完全リタイアに備えるといい。

定年後に「自分は何ができるか」考える

サラリーマン時代は、とかく肩書きを重視するが、そんなものは会社を辞めてしまえば何の役にも立たない。定年後も働きたいなら、会社勤めをしているうちに「その道のプロになる」ことだ。営業なら営業のプロになる。人事なら人事のスペシャリストになる。**本当に能力が高く、実力のある人であれば、会社を辞めても必ず生きていけるものだ。**

たとえば、最近は会社を辞めた人間とフリーランスの立場で業務委託契約を結ぶケースが増えている。テレビ局の看板アナウンサーが退社し、フリーになっても古巣で番組を持つケースがよくあるが、実力さえあれば、同じような働き方が普通のサラリーマンの世界でもできるようになっているのだ。

何か資格でも持っていれば、在職中の実務経験もあるわけだから、大いに武器になる。たとえば社会保険労務士の資格を持つなら、人事コンサルタントとして委託契約を結べばいい。社内事情に精通しているプロは、古巣にとってもありがたい存在になるはずだ。

ただし、古巣と委託契約を結んで働くには円満退社が大前提だ。トラブルを抱えて退社した場合は、よその会社で仕事を探さないといけないのは言うまでもない。

実力もさることながら、ただ資格を持っているだけでは、現役時代からの幅広い人脈がないとたちまち行き詰まる。会社勤めをしているうちから、会社以外の人間とのつきあいを広げておくことだ。

いずれにしろその道のプロになれば、必ず道は開ける。もしあなたが経理一筋三十年の大ベテランで、定年後も働きたいなら、その知識とスキルはたいへんな売りものになる。

世の中には経理担当者のいない小さな事務所はいくらでもある。友人知人などをたどっていけば、あなたの周囲にもそんな事務所の一つや二つは必ずあるはずだ。たとえば、そういう事務所の経理の事務代行を副業で引き受ける。それも格安の料金で請け負う。経理担当者を一人雇うよりトクとわかれば、必ず依頼してくれるところが現れる。

定年後を見据え、週末などを利用して、そういう仕事を始めてみる。慣れてきたら、お客さんを紹介してもらうなどして、経理代行の件数を増やしていく。一人の処理能力を超えたら人を使うことを考えよう。その間に会計士、税理士などの資格を取る。ここまでくれば、税務会計士として独立開業の道も見えてくるのではないか。

現実に副業は就業規則で禁止にしているところが多いが、実際は業務に支障を来すなどあからさまな形でやらない限り、まずとがめられることはない。定年後、いきなり起業するのはリスクが大きい。現役のうちから二足のわらじで練習を積むのは悪くない選択である。

定年起業はやめておきなさい！

五十歳代、六十歳代でちょっとした起業ブームが起きている。いまや「定年起業」「熟年起業」などという言葉もあるほどで、「定年後も働きたい」との思いを「起業」に賭ける人が増えているのだ。最低資本金規制が撤廃され、資本金一円から会社がつくれるようになったことが大きな追い風になっているのだが、その分、十分な覚悟も準備もないまま、「とりあえず会社でもつくってみるか」といった安易なケースも増えている。

編集者が独立して出版社を起こすケースも少なくないが、なかには会社だけをつくって自慢げに「代表取締役社長」の名刺をバラ撒きたいだけの起業家もいる。

実は、つい先日も五十歳代のある知人から、「定年後、嘱託で会社に残って、それまで顎で使っていた連中にあれこれ指図されるのはかなわない。再就職先を探すのも大変そうだし、いっそのこと早期退職して会社でもつくろうかと思うのだが」と相談を受けた。

「会社をつくって、何をやるの？」と聞くと、「まだ具体的に考えてるわけじゃないが、ラーメンの食べ歩きが趣味だから、できればラーメン屋でもやれたら」と言う。

会社でも？　ラーメン屋でも？――。

私は脱サラしていまの会社を起こして三十年ほどになるが、その間には倒産の危機に近いような苦境を何度か経験している。会社勤めをしているときは「こんなに働いてこれっぽっちかよ」とさんざん安月給を呪《のろ》ったものだが、いざ自分で会社を始めてみれば、わずか数人の社員でも、給料日が近づけば、それこそ胃のあたりがキリキリと痛むものだ。

商売というのはいいときばかりではない。会社をつくるのは簡単だが、それを維持し、発展させ、取引先への支払いはもとより、毎月きちんきちんと社員に給料を払い、気持ちよく働いてもらうのは、傍《はた》で考えるほど簡単なことではないのだ。それを「会社でも」「ラーメン屋でも」などと言われた日には、「商売をなめるなよ」と言いたくなる。

ラーメン屋を開くには、一から修業し、商売のイロハとコツを学ばなければいけない。それまで部下を何十人も使っていた人が、若い職人から「バカヤロー！」と怒鳴られながら何年も修業するのだ。それがわかっていたら口が裂けても「ラーメン屋でも」などとは言えないはずだ。

行列のできるラーメン屋とかテレビなどで話題になっているから、ラーメン屋でもという発想なのかもしれないが、それがすでに甘い。同じ麺類の商売を考えるなら、ラーメン屋ではなく、自分でそば打ちの修業をして日本そば屋をやるとか、他人と違った発想をするとかでないと、商売はうまくいかない。

起業の志も夢もないのに、思いつきの動機で、いきなり開業したところで、うまくいくはずがない。苦労するのは目に見えている。

再雇用や再就職で給料が半分以下に減ったとしても、月々決まったお金が入ってくるサラリーマンの暮らしは、開業後の収入の不安定さに比べたら、それこそ天国だ。生活の安定を求めるなら、会社経営など考えずにサラリーマンをやっているほうがずっとマシだ。

サラリーマン時代は、与えられた生きがいゆえに会社への不満は多々あるが、毎月給料はもらえるから生活の不安はない。一方、会社を離れて起業すれば、サラリーマン時代のような組織への不満からは解放されるが、いつつぶれるかわからないのだから、生活の不安はとてつもなく大きい。つまり、

サラリーマン時代＝「不満はあるが、不安はない」
起業後＝「不満はないが、不安はある」

という図式である。その差は天国と地獄ほどもあるのだが、気づいていない人が多いのだ。

だから起業後の不安を置き去りにしたまま、会社への不満を自分で商売を始めることで解消しようとする人が出てくる。社内の人間関係や給料、処遇への不満、あるいは将来の雇用不安などから「ここは一つ、会社でも起こしてみるか」と安易に考えてしまうのである。

起業にはリスクがつきもので、失敗すれば、一億円くらいの負債を簡単に抱え込む。会社は倒産、家は借金のかたにとられ、自分も自己破産に追い込まれる。もちろん成功すれば、巨万の富を手に入れることもできるが、そんな人はめったにいるものではない。

家が商売でもやっていれば、見よう見まねで覚えることも多いが、サラリーマン家

庭に育ち、サラリーマンしか知らない人は、できるだけ会社人生を全うするのがいいように思う。

安易な起業は第二の人生を苦いものにしかねない。くれぐれもご用心を。

それでも夢にかけてみたかったら？

一般に起業の成功確率はどの程度かといえば、一年以内に約三割、三年以内に約五割が廃業に追い込まれ、十年後も存続している会社は約一割とされる。

若者世代の起業は、いくらでもやり直しできるが、六十歳を過ぎての定年世代はそうはいかない。失敗したときのダメージは大きく、下手をすれば、悲惨な晩年が待っている。

にもかかわらず、定年世代は意外と無謀なところがある。なまじ会社経験が長く、それなりのポストで人もお金も動かしてきたものだから、最初から大きなビジネスをやろうとするケースが少なくないのだ。会社で大きな事業を手がけることができたのは、会社の人材、資材、設備など経営資源あってのことなのに、すべて自分の実力だと勘違いしている人があまりにも多い。

定年起業で成功しようと思ったら、以下の五つのポイントは必須《ひっす》である。

①起業の目的を明確にする

自分はこういう事業をしてみたい、だから自分の会社をつくりたい——。会社を始めるからには明確な動機づけが不可欠だ。その点、会社への不満を起業で解消しようとする人は要注意。「会社を辞めたい」が先に立ち、肝心の「何をやるか」が後づけになりがちだからだ。メディアの囃《はや》す起業情報などを見て「ネット通販でもやろうか」とか「環境ビジネスでもやろうか」などと安易に道を求めるのは、たいていこのタイプだ。

内側から沸き立つ「これがしたい！」という強い願望がなかったら、絶対に会社経営は成功しない。希薄な動機で成功できるほど商売は甘くない。

②過去の肩書きを捨てる

定年世代で起業する人は、会社でそれなりの地位や収入を得ている。起業したら、そうした過去の肩書きは、きれいさっぱり捨てることだ。名の知れた大企業で部下が何十人、何百人いたとしても、会社を辞めれば、ただの人だ。会社をつくって社長の名刺を手にしたところで、社員は二、三人。顧客や取引先も個人や中小の会社がほとんどだろう。

肩書きを捨てられない人は、その違いに気づかず、つい「上から目線」で商売をしてしまう。これでは商談だってうまくいかないし、「あの社長、何か勘違いしていないか」とあきれられるだけだろう。ときには「そこを曲げて何とか」と無理を承知で頭を下げなければいけないのが商売だ。それができない人に会社経営は無理である。

③経営者向きか、自ら冷静に判断する

経営者になるには向き不向きがある。定年まで勤め上げる人は、基本的には会社勤めが向いていた人だろう。会社を興す人は定年前に独立起業するケースが多い。

経営者に必要な資質は数え上げたらきりがない。

たとえば、旺盛な独立心や実行力。常に前向きな発想力や行動力。社員を奮い立たせる勇気、統率力、責任感。事業を活性化させる鋭い先見性、洞察力、直観力、あるいは野心的な創造力、構想力。それらを支える慎重さ、人脈、情報収集能力。金銭、時間、健康などの自己管理能力……。

しかし何か一つだけあげろと言われたら、私は躊躇《ちゅうちょ》なく「信用」をあげる。まがいものを売らない、嘘をつかない、約束を守る、納期を厳守する、何事にも誠実に対応する――。商いは「飽きない」とも言われるように長期的な信用こそ第一なのだ。

④「やりたいこと」と「やれること」の違いを知る

いくらいいアイデアがあっても、それを実現するだけの能力（＝知識、経験、スキル、資格、人脈、資金など）がなければ、商売は成り立たない。自分にはどんな能力があるのか、一度、これまでの人生を棚卸しして、それらを整理するといい。この作業をすると、そもそも自分には何ができるのか、ある程度のことが見えてくる。

「やりたいこと」と「やれること」は違う。いくらラーメン通でも、それだけで商売にできるほど世間は甘くない。メジャーの大打者テッド・ウイリアムズは大の釣り好きで、引退後、釣り具会社を興した。当初は順調だったが、結局、大手デパートに買収されてしまった。

趣味を実益に変えられるのは、ほんのひと握りの商才に長けた人だけだ。稀有な成功例を見て「あれならオレにもできる」などと思ったら大間違いなのだ。趣味は商売にした途端、楽しめなくなる。趣味は趣味のままにしておいたほうがいい。

⑤しっかりした事業プランを作る

「徒花《あだばな》に実はならぬ」という。見栄えばかり気にして格好のいい事業プランを立てても、それが現実離れしたものなら、破綻は目に見えている。

何を売るのか、誰に売るのか、お金はどうするのか――。商売を始めるには念入りな準備が不可欠だ。ときには専門のスクールに通ったり、お目当ての業界に再就職して知識やスキルを身につけることも必要だろう。一般に五十歳代で脱サラ起業して成功する人は四十歳代から準備しているという。起業したいなら現役時代から周到に準備をしておくことだ。

無理のない資金計画（開業資金と運転資金）も重要になる。借入金で事業を立ち上げる場合は慎重の上にも慎重に。失敗しても何とかなるのはせいぜい数百万円までだ。自宅を担保に入れ個人保証をして借金しないと始められないような事業は基本的にお勧めしない。見栄を張らずに身の丈に合った商売を心がけるべきである。

田舎暮らしを楽しめる人、楽しめない人

組織の中で何十年も揉まれて神経をすり減らしてきたのだから、せめて定年後は豊かな自然のある田舎でのんびり暮らしたい——。そういう人がけっこういる。気持ちはわからないでもないが、**憧れだけでは続かないのが田舎暮らしの難しいところだ。**

知り合いにこんな夫婦がいる。九年ほど前、旅行で立ち寄った房総の海沿いの小さな町が気に入り、以来、近くの貸し別荘を利用するなどして、しばしば休暇を楽しんできた。滞在中、ご主人は趣味の海釣りへ出かけ、奥さんは日がな一日、本でも読みながらのんびり過ごした。そして夜にはご主人の釣果をさかなに夫婦で一杯やるのが何よりの贅沢だった。

「定年後の人生が、毎日こんなふうだったらいいのになあ」

やがて二人は、そこへの移住を考えるようになり、五年後、定年を迎えると古い借

家を見つけて本当に移り住んでしまった。東京の自宅は賃貸に出し、その家賃収入で借家代は十分に賄えた。新しく始めた田舎暮らしは楽園に思えた。ご主人は釣り三昧、奥さんは借家についていた小さな畑で家庭菜園を楽しんだ。ご主人の釣ってくる魚と自分の育てた野菜で作る料理は、どんな高級レストランの食事より美味しい――。

ところが、そんな生活は長続きしなかった。一年もすると、目新しいことを一通り経験してしまい、奥さんのほうが刺激のない田舎の暮らしに飽きてしまったのだ。

「親しい人が誰もいないでしょう。あれってこたえるんですよね。土地のことも何にも知らなかったし。五年も通い続けたのに、所詮はただの旅行者だったってことです。それに主人のようにあの土地ならではの趣味があったわけでもないし。家庭菜園も面白かったのは最初のうちだけ。自分には向かないんだなって痛感しちゃいました。そうなるともうダメ。こんな田舎はイヤ、東京に帰りたい！　そう思っちゃった」

二人の田舎暮らしは、結局、二年ほどで幕を閉じた。家を貸していた人が引っ越したのを機に東京へ戻ったのだ。

「田舎暮らしを始めるとき、主人は東京の家を売って、房総に新しく家を建てるつもりでいたんです。私は子供との思い出もあるから反対でした。結局、予算的なこともあって売るのはやめたんですけど、いまから思えば大正解でした。もし東京の家を処分して房総に家を建てていたら、こんなに簡単には帰ってこれなかったでしょうから」

自然が豊かで空気がきれい。水もうまい。物価も安い――。田舎の暮らしに憧れる人はどこかで田舎を美化しすぎているところがある。自然が豊かであれば、都会ではお目にかからないような虫などもウジャウジャいる。娯楽施設や文化施設などはないに等しく、買い物だって車でひとっ走りしないとジュース一本買えやしない。退屈こそ贅沢と思える人でないと、田舎の不便な暮らしを長く続けるのは容易なことではないのだ。

たしかに田舎は安上がりだが、裏を返せば、使うところがないだけとも言える。病院も遠い。役所も遠い。郵便局も遠い。バス停だって家の近くにはまずない。しかも一日に何本も走っていないから車は必須だ。七十歳代になると、そろそろ車の運転が怪しくなるから、足の確保をどうするかはいずれ切実な問題になるだろう。まして車の運転をしない人は田舎暮らしはまず無理だ。

それに田舎にはその地域特有のさまざまなしきたりがあり、人間関係は濃密だ。私の知っているある田舎では、定期的に集落の人が総出で道路わきの草刈りなどを行なう。これは全員参加が義務づけられた行事だ。都会にもご近所づきあいはあるが、田舎のそれは次元が違う。そうしたつきあいの苦手な人はまず田舎暮らしは向かない。

逆に言えば、地域とうまく交流できる人は、いろいろな支援も受けられて、すんなりと田舎暮らしに入っていける。**地域とのつきあいは、田舎暮らしの成否を分ける重要なポイントである。**

最近は都会のライフスタイルを豊かな自然のなかで実現しようとする、言ってみれば、田舎のいいとこどりをしたがる人も増えていて、地元と軋轢《あつれき》を生むケースが少なくないという。地元に溶け込まず、自分のライフスタイルを押し通す人が増えているのだろう。このため移住者が急増している石垣島のように「もう来てくれるな」とあからさまに地元が拒絶反応を示しているところもある。移住の経済効果もあるはずだから、地元にとってはマイナスばかりではないはずだが、それでもそうした声が出てくるのは、よほど腹に据えかねることがあるのだろう。

いずれにしろ田舎暮らしを望むのは、たいていご主人のほうで、普通、奥さんはあまり乗り気ではない。会社一筋でろくに友だちもいないご主人と違って、奥さんにはご近所さんや趣味の仲間など友だちがたくさんいて、住み慣れた街を離れたくないからだ。夫婦に温度差があったら、まず田舎暮らしはうまくいかない。事前によく話し合うことだ。また地方の出身などで、ある程度田舎のことがわかっているならまだしも、都会の暮らししか知らない人は、情報収集なども含めた周到な事前の準備が絶対に不可欠である。

理想と現実にはギャップがあるものだ。思っていたほど田舎の暮らしは楽しくないかもしれない。そんなとき、マイホームを処分して完全移住していると、都会に帰りたくても簡単には帰れなくなってしまう。失敗したときのことを考えれば、「マイホームは人に貸し、田舎暮らしは賃貸で」というのが、いつでも帰れる賢明なやり方ではないだろうか。

江戸っ子に学ぶ「のん気に気楽に暮らす法」

作家の石田衣良さんが、以前、日本経済新聞のインタビュー（二〇〇七年二月二六日「インタビュー領空侵犯」）にて、「残業を法律で禁止すべきだ」と主張していた。残業を禁止すれば、遊んだり恋をしたりする時間ができて、少子化に歯止めがかかるのでは、というのだ。

また同じインタビューで、作家の池波正太郎さんのエッセイから「大人が遊ばない国の文化はダメになる」を引いて、会社人間の男性は働きすぎでいけない、もっと音楽を聴いたり、映画や演劇を観るべきだとも主張していた。

残業を法律で禁じるのは、現実問題として難しいだろうが、仕事ばかりでなく、もっと遊んだほうがいいという主張には大いに賛同する。そこでお手本になるのは、何と言っても「生活を楽しむことにかけては世界一」と言われるイタリア人だろう。

あるとき、イタリアに五年ほど暮らしたことのある友人に、「なぜ彼らは、あんなに生活を楽しむのが上手なの？」と聞いたことがある。

「彼らはいつも陽気に飲んで歌って愛を語っているイメージがあるが、彼らも人間だから、悲しむときもあれば、落ち込んでふさぎ込んでしまうときだってある。それでも明るく見えるのは、気持ちの切り替えがとても上手だから。仕事とプライベートの切り替えもそう。だから日々の暮らしを堪能できるんだと思う」

なるほど、気持ちの切り替えの上手さが、「マンジャーレ・カンターレ・アモーレ（食べて・歌って・愛して）」の生活上手を支えているのか、そう思ったものだ。

その点、日本人はどうかといえば、仕事とプライベートの切り替えが恐ろしく苦手だ。若い世代はそうでもないが、**いまどきの定年世代などはエネルギーのほとんどを仕事に傾注し、遊びとは無縁の人生を送ってきた人が少なくないはずだ。**

しかし、日本人は昔から遊ぶのが下手だったわけではない。たとえば、江戸時代の日本人は、イタリア人に負けないくらい生活を楽しむことに長《た》けていた。

杉浦日向子さんの『一日江戸人』（新潮文庫）によれば、生粋の江戸っ子は、あくせく働くのが嫌いで、その日その日をのん気に気楽に暮らしていたという。物価が安かったこともあって、月の半分も働けば、それで一カ月、家族が暮らせたそうだ。いまでいうフリーターも多く、「そろそろ働かないとまずいかなあ」と思えば、ご近所に声をかけたり、町を歩いたりして、薪《まき》割りなど何かしらの仕事にありついて日銭が稼げたらしい。

世界的な大都市だった江戸では、そうやって仕事を細分化することでワークシェアリングを実現していたのだろう。そしてそれを支えていたのが、「宵越しの銭は持たない」に象徴される、その日、一日を楽しみ、その日暮らしでよしとする彼らのライフスタイルだった。

それが如実に現れるのが夏だ。「こんなくそ暑いときに働けるか！」とばかりに、布団を質に入れて、家でゴロゴロしたり、庭で行水をしたりして過ごす。そんな人が珍しくなかったようだ。どうせ夏の間は布団なんて必要ない。だったらそれで生活資金をつくればいい、という実に合理的な発想だ。質入れした布団は流れないように、涼しくなったらしっかり働いて、お金を返して引き出した。家の中に余分なものはなくてすむ。

ひと夏休めば、気持ちもリフレッシュできて、さぞや労働意欲もわいたに違いない。江戸っ子のひと夏の過ごし方は、まるでイタリア人の夏の長期バカンスみたいだ。

それだけではない。江戸っ子はおしゃれや遊びにもこだわった。頬《ほお》をすべすべにするなどスキンケアに気を配ったり、床屋に行きたての髪は野暮だから、わざと二日ほど前に行ったように髪を緩く結ってもらったり、唄や三味線などの芸事にも熱心だった。**庶民に遊び心があったからこそ、歌舞伎や浮世絵など江戸の町人文化も花開いたのだ。**

ひと頃、スローライフなる言葉が流行ったが、自然と調和した、ゆったりとした時間を楽しむ生き方など、わざわざ外国から学ばなくても、最高の手本は江戸の昔にあったのだ。

いい年をしてやりたいことを大いにやろう

セミリタイアしたタレントの大橋巨泉さんによれば、第二の人生に必要なのは、健康とよき連れ合い、それから二つの趣味に多少のお金だそうだ。

どれほど好きな趣味でもそればかりしていると、すぐに飽きてしまう。巨泉さんが言うように趣味が一つあれば、飽きないですむかもしれない。

では、飽きのこない趣味は、どうやって見つければいいか。

いま、何か趣味のある人は、それにひと味つけ加えてみてはどうだろう。たとえば、旅行が趣味ならゲームの要素を取り入れてみる。知り合いの編集者で大の鉄道ファンがいる。彼はJRの初乗り料金だけで日帰り旅行を楽しむ「大回り乗車」が大好きだ。

JRには「近郊区間」と定められた範囲内で、かつ一筆書きの要領で同じ駅を二度通らなければ、どのような経路を使ってもよいというルールがある。これを使うと、たとえば東京駅から有楽町駅までの一三〇円の切符で、千葉、成田、我孫子、友部、小山、新前橋、高麗川、八王子、東神奈川の各駅を経由して有楽町に行くことができる。改札口の外には出られないなどのルールさえ守れば、一日中電車に揺られていられる。「いまは駅ナカの店も多い。それも含めてルートを考えるとけっこう楽しめる」とは知人の弁だ。

遊び心のある趣味は飽きにくい。ゲーム性は一つのヒントになるのではないか。いずれにしろ、飽きのこない趣味を定年後に見つけるのはなかなか難しい。好奇心が旺盛で、何でも面白がれる進取の気性に富む人でないと、億劫《おっくう》でなかなかチャレンジできないからだ。仮にチャレンジできたとしても、俄《にわ》かの趣味は、すぐに飽きたり、挫折しやすい。定年後、俳句を詠《よ》み始めた男がいたが、結局、半年持たなかった。

人間、五十を過ぎれば、もう自分の性分はわかる。日がな一日、ボーッとしていられたら「それで幸せ」という人はいい。定年後、無趣味で困ることもないだろう。

しかし、「そんな生活は到底耐えられそうもない」という人は、現役のうちから定年後の安楽を、文字通り安んじて楽しめるような飽きのこない趣味を見つけておいたほうがいい。

その場合の基本原則は、**①お金があまりかからない、②師を必要としない、③一回**

に何時間もかけない、の三つではないだろうか。

ＪＲの「大回り乗車」などは、さしずめ遊びに長じた人のハイレベルな趣味である。もっと手近で、気楽にできる趣味は、探せばいくらでもある。何もプロのように上手くなる必要はない。むしろ一生かけても上がりのないものがいい。

その意味では、朝日新聞の「be evening」（二〇〇七年七月一九日）に載っていた、「書」が趣味という俳優の緒形拳さんのインタビューは面白かった。

幼い頃から筆で字を書くのが好きだったそうで、自宅の書斎に洗濯物のように無造作に吊《つ》るされた作品には、うまくなるのをあえて拒否しているような、何とも味わい深く、温《ぬく》もりのある、実にいい字が躍っていた。あの飄々とした、いかにも素人然とした筆を見て「そうか、趣味って、これでいいんだ」と思った人も少なくないのではないか。

趣味は人に与えられるものではない。自分で発見し、楽しむものだ。無論、年齢制限などない。若者が楽しんでいることを中高年が楽しんでいけないはずはない。「いい年をして」などと言われようが、やりたいことを楽しめばいい。趣味を通じた人の輪もできる。年がいもなく生きる、それこそが人生を楽しくするのだ。

五十の手習い、大いにけっこう。最初は誰だって初心者だ。それこそ蜷川幸雄さんが主宰する高齢者劇団「さいたまゴールド・シアター」のような例もある。劇団発足時、第二の人生を輝かせたいと一〇〇〇人を超える応募者から選ばれた四十七人の平均年齢は、なんと六十六・七歳だった。現在も五十九歳から八十四歳までの四十二名が活躍している（二〇一〇年）。

ギター、ピアノ、社交ダンス、登山、ボウリング、三味線、絵画、陶芸、俳句、落語、書道、茶道、華道……。何でもいい。やりたいことがあれば、とりあえずやってみることだ。カルチャーセンターなどに行けば、たいていのことは勉強できる。

五十歳代のいまから頑張れば、ものによっては定年退職する頃には師範の免状がもらえて初心者の指導くらいはできるようになるかもしれない。

あるいはコレクションでもいい。経済アナリストの森永卓郎さんはミニカーのコレクターとして有名だが、私の知人には牛乳瓶のフタを集めている男がいる。「そう言えば、子供の頃、切手を集めていたなあ」、そんな人はけっこういるはずだ。自分の中に眠っている子供心を刺激してやれば、飽きない趣味は意外と簡単に見つかるかもしれない。

いずれにしろ「年齢的に無理」などと最初から「できる、できない」「向き、不向き」は考えないことだ。やってみたら、案外、自分に合っていたというのはよくある。合わない場合は、無理をしないで撤退したほうがいい。「始めたからにはやらねば」などと思ったらちっとも楽しくない。趣味は義務でやるものではない。

ただし、撤退する場合は、下手をすると、ちょっとかじってはまた別のものに手をつける「趣味探しの渡り鳥」になりかねないので注意が必要だ。定年前のなるべく早い時期に「これだ！」という趣味を見つけ、コツコツと続けるようにしたい。

自信を持ってお勧めする「うまい店の探し方」

定年世代ともなれば、飲み屋にしろ食べ物屋にしろ、馴染みの店の一軒や二軒はあるだろう。顔の利く行きつけの店は居心地がいい。常連客との他愛のない会話は楽しいし、友人や知人でも連れて行けば、店主も気を使って、「これ、食べてみて」とつまみの一品もサービスしてくれる。こちらとしても面目をほどこせるというものだ。

しかし、いくらお気に入りの馴染みの店でも、いつもいつもそこばかりでは芸がない。たまには好奇心を持って、新しい店を探す努力をしたほうがいい。

作家のC・W・ニコルさんは、食べるということは、「だれでも経験できるすばらしい冒険なのだ」と言っている（『C・W・ニコルの野性記』実業之日本社）。

その通り、**食は冒険であり、私たちの暮らしに刺激を与えてくれる。**

たとえば、お酒なら、うまい地酒を探す。ひと昔前では考えられないくらい、いまではいい地酒を飲ませてくれるお店が増えた。焼酎やワインにしてもそうだ。探せば、自分と相性のいい店はきっと見つかるはずだ。

ちなみに私は、少し前までは「立ち飲み屋」に凝っていたのだが、最近は「缶詰バー」にハマっている。缶詰バーは、酒のつまみに缶詰を出す飲み屋で、よく行く店では、カウンターや壁の棚にずらりと缶詰が並んでいて、そこから客が「カニ缶とサバ缶」などとチョイスし、つまみとして出してもらう仕組みだ。

この手の新しい飲み屋を見つけるのは、まさに冒険であり、実に刺激的だ。

食べ物屋もそうだ。和食、中華、フレンチ、イタリアン……。手頃な値段で合格点のつけられる店を自分の行動範囲のなかでいくつか見つけておくと何かと便利だ。いまは高級レストランも安くなった。一万円も出せば、かなり豪勢なコースが食べられる。一見《いちげん》さんお断りの店も、ランチタイムはびっくりするほど安かったりする。

そうした情報は、友人知人などの人的ネットワークのほか、新聞、テレビ、雑誌などの情報をこまめにチェックしていないとなかなか引っかかってこない。逆に言えば、新しい店を見つけようという意欲が常にあれば、いつまでも情報感度を鈍らせないですむ。

うまいまずいは、自分の舌の感覚を信じるべきだ。よく絵画展に行くと、先にパンフレットの解説を読んでから鑑賞する人がいるが、絶対にやめたほうがいい。そんなことをしていたら、いつまでたっても目は肥えない。映画や芝居もまたしかり。

それと同じで、メディアや評論家の評価を鵜呑みにして、「この店はうまい」とか「いまいちだな」などと言っているようでは、いつまでたっても舌は肥えない。他人の評価がどうだろうと、あくまで自分の味覚を信じるべきだ。

客は店を選ぶが、店もまた客を選ぶ。互いが阿吽《あうん》の呼吸で「いい店だな」「いい客だな」でいられる店でないと、居心地がよくない。だからこそ客は店を選ぶべきだ。名前や評判に負けて、本当は居心地がよくないのに、「名店だから」「評判の店だから」という理由だけで通うのはバカげている。時間と金の無駄である。

マスコミで名店などと騒がれている店のなかには、客を素人扱いして他の客の前で説教を垂れて大恥をかかせるようなところもある。メディアがやたらとカリスマなどと言って囃すものだから、とんでもない思い違いをして舞い上がってしまう人間もいるのだ。そんな店は騒がれているうちが花で、早晩、客にそっぽを向かれるに決まっている。

なお近所のそば屋やラーメン屋ならともかく、しかるべき店（バーやレストラン）

ではあまり常連客ぶらないほうがいい。他の客にとってこれほど不愉快なことはない。常連客づらしなくても、足繁《あししげ》く通ってくれる客には、必ず店は他の客以上のサービスをしてくれるものだ。いい客になれば、いいサービスが受けられる。大人の客とはそういうものだ。

いまを楽しめるから、将来も楽しめる

イソップ童話の「アリとキリギリス」には、いろいろな結末のバージョンがあるのをご存じだろうか。

夏の間、せっせと働いて冬に備えるアリ。かたや夜毎ヴァイオリンを弾いて歌に興じるキリギリス。やがて季節はめぐり、冬。食べものがなくなってしまったキリギリスはアリを訪ねる――。さて、アリはキリギリスにどう接したか？

日本では「優しいアリはキリギリスを招き入れ、食べものを分けてあげた」というバージョンがよく知られているが、世界のスタンダードバージョンでは、アリはキリギリスに食べものを分け与えることはない。それどころかアリは飢え死にしたキリギリスを食べてしまう。アリがキリギリスを助けるのは、世界広しといえども、日本くらいのものらしい。

そもそものオリジナル版は、「アリとキリギリス」ではなく、「アリとセミ」だった

という。イソップが生きた紀元前のギリシャではセミはポピュラーな昆虫だったが、ドイツやイギリスなどではセミの種類や数が少なかったことから、後の編纂《へんさん》者がよりポピュラーなキリギリスに置き換えたというのだ。オリジナル版では、アリがセミに対して「夏に歌ってたなら、冬は踊ってたらいいじゃないか」と冷たくあしらって終わる。

結末はどうであれ、それらに共通するのは、「だから、先々のことを考えて、しっかり働かないとダメだよ」という人生訓だろう。備えあれば憂いなし。将来的に困らないようにコツコツ真面目に働く人生は、紛れもなく尊い。それは間違いのない真実である。

しかし、将来に備えるのはいいが、貯蓄や倹約が過ぎると、生活から楽しみがすっかり消えてしまう。これではせっかくの人生があまりにも味気ない。**いくら切り詰めて貯め込んでも、人生、どこで何があるかわからない。**貯め込んだお金を使う前に死んでしまったら、「何のために遊びもしないで……」と後悔するに決まっている。

実は「アリとキリギリス」には「キリギリスが助けてもらおうとアリを訪ねたら、過労死で全員死んでいたので残された食料で冬を乗り越えた」というバージョンもあるのだ。

もっともこれは「いまが楽しければいい、将来は誰かが助けてくれる」という他力本願型の甘ちゃんのすることで、けっしてお勧めはできない。理想は、ほどほどに将来に備え、いまもそれなりに楽しむ「アリギリス（アリ＋キリギリス）」的な生き方ではないか。

それには「一日一生」で、明日ではなく今日を大切に生きるという気持ちが大切だ。

『武士の家計簿』（新潮新書）を著した茨城大学准教授の磯田道史さんが、新聞のコラムで『朝野雑載《ちょうやざっさい》』から織田信長のこんな逸話を紹介していた（朝日新聞「be on Saturday」二〇〇七年七月七日）。

信長は占いの類いを信じなかったが、天下を取ったとき、自分とまったく同じ日時に生まれた男を探し出して、自分の運命と比べてみようと考えた。そして、その旨お触れを出したところ、自分と同じ日時に生まれた一人の貧しい男が見つかった。

同じ日時に生まれてもずいぶん違うものだなと信長が言うと、男はこう答えた。

「天下を持っても、貧しさに極まっても、それは昨日までの過去のこと。上様とて明日はわかりませぬ。今日一日のみ、上様は天下の主として楽しまれ、わたしは極貧に苦しんでいるだけです」

磯田さんは、この言葉を受けて、「結局、人間は今だけを生きている」のだと説く。そうなのだ。たとえ信長のような天下人であろうと、明日はどうなるかわからない。実際、信長は本能寺の変で明智光秀に討たれ、あえなく果てた。

だからこそ、いまを充実させて生きるべきなのだ。

今日一日の命と思って生きれば、充実した時間を生きられる。本気でそのように今日を生きれば、自ずとものの見方も感じ方も変わってくる。いま何をすべきか、自分にとって何が大切か、優先順位にも違いが出てくるはずだ。

そう思って見れば、「なるほど、そういう生き方もありかもしれないな」と思える変わり種の「アリとキリギリス」のバージョンがある。「キリギリスは冬になって食べものがなくなったら、得意の歌とヴァイオリンでコンサートを開いて、アリにチケットを買ってもらい、それで冬を乗り切ったとさ。めでたし、めでたし」――。いまを大事にし、歌とヴァイオリンの腕を磨いていたおかげで人生が開けたというパターンだ。

「仕事をやめたら、あれもしたい、これもしたい。そのためにいまは仕事一筋で頑張っているんだ」、そういう人は少なくないと思う。

でも、**いまを楽しめない人は、たぶん将来も楽しめない。**なぜなら、いまより将来を大事にする人は、結局、その将来になっても「何かあったら大変だから」と、そのまた将来のために、いまを我慢するに違いないからだ。

親鸞聖人《しょうにん》は「明日ありと　思ふ心のあだ桜　夜半《よは》に嵐の　吹かぬものかは」と詠った。道歌（教訓歌）にも「いまいまと　いまという間に　いまぞなく　いまという間に　いまぞ過ぎゆく」というのがある。

人生には「いまだからやれること」「いましかできないこと」がある。将来の心配ばかりしないで、いまを大切に生きることも考えよう。

人生とは楽しむためにある。未来はいまの積み重ねであり、いまを大切にできれば、将来はきっと楽しいものになる。未来とは「いま」なのだ。

6章

ちょっとくらいガタがくるのは当たり前

「執着知らず」の6つの条件

「面白うて、やがて悲しき健康オタクかな」

五十歳代に入ると、健康に気を使う人が急に増える。いつまでも元気で過ごすために健康に気をつけるのは悪いことではない。しかし、何事もほどほどが肝心で、あまりにも頑張りすぎるとかえって逆効果になることもある。

「フィンランド症候群」という言葉がある。フィンランドの保健局が実施した「食事の指導や健康管理の効果」についての調査結果に対する通称で、その内容は朝日新聞の記事（二〇〇二年一一月九日）や『安らかな死のための宣言』（R・ジャカール＋M・テヴォス、新評論）などによれば、おおよそ次のようなものだ。

血圧やコレステロール値の高かった四十歳から四十五歳の上級管理職の男性約一二〇〇人のうち、半分の約六〇〇人に対して、当初五年間、降圧剤などの薬を飲んでもらった。その後も、定期健診や栄養学的なチェックを行なうとともに、適度な運動をさせたり、タバコやアルコール、砂糖、塩分などの摂取を控えさせたりなどの節制を求めた。

一方で残りの約六〇〇人に対しては、目的を一切知らせず、ただ定期的に健康調査表に回答を記入してもらった。もちろん薬も投与せず、食事の指導もしなければ、節制も求めなかった。

こうして健康を管理するグループと管理しないグループに分けて追跡調査を行なったところ、十五年後、驚くべき結果が出た。心臓血管系の病気や高血圧、各種の死亡、自殺のいずれも、健康を管理したグループより健康を管理しないグループのほうが少なかったのだ。つまり、**健康に気を使っていた人たちより、気を使わなかった人たちのほうが、病気もしないし、死亡率も低かったのである。**

これはどう考えればいいのだろうか。素人考えながら、その理由は大きく二つあるのではないかと思う。

一つはストレスだ。好きなものを我慢して健康にいいとされるものだけを食べる生活が楽しいはずがない。おまけに好きなタバコもアルコールも制限されて心が健康でいられなくなってしまったのではないか。それが体に影響し、病気につながった。

運動だって、過ぎればストレスになる。ケガが病気の引き金になることだってある。

二〇一〇年の夏は尋常でない暑さだったが、そんなある日、よりにもよっていちばん暑いお昼過ぎ、いい年をしたおじさんが、よろけるようにジョギングしている姿を目にして「あれでは健康どころか熱中症で倒れるのではないか」と心配になったことがある。

実際に二〇〇七年夏、メタボリックシンドローム（内臓脂肪症候群）を疑われ、職場の減量企画でジョギング中だった三重県伊勢市の四十七歳の課長さんが虚血性心不全で亡くなった。健康のために頑張りすぎた悲劇というしかない。中年を過ぎたらお腹が出てくるのは当たり前なのだ。

二つ目は健康診断の功罪だ。病気は早期発見、早期治療が大事という。定期健診などで大病が早期に見つかり、大事に至らないケースがあるのは事実だ。

しかし一方で、本来は病気でない人が病気にさせられてしまうこともある。健康診断では、数値が極端な上下五％（極端に高い二・五％＋極端に低い二・五％）の人を除いた残りの九五％の人の値を基準範囲としている（近藤誠『医原病』講談社＋α新書）。人間は一人ひとり違うから、なかには九五％の基準範囲内でも異変を抱えている人がいるはずだし、五％の基準範囲外でもまったくの健康体の人もいるに違いない。

数値は普通、基準範囲の内か外かで機械的に病気の線引きがなされてしまうから、本当は病気ではないのに病気にさせられてしまうケースも少なくない。

医者に病気だと言われれば、誰だってショックを受ける。それだけでも精神的なストレスは甚大なのに、ひとたび病気の診断が下されてしまえば、数値を基準範囲内にするため、投薬などの治療や食事制限などの健康管理が行なわれるようになる。

自分の本来の数値は別のところにあるのに、無理やりそれをいじるのだから体にいいわけがない。しかも薬には副作用がつきものだ。こうなると病気でない人も本当の病人になってしまう。フィンランドの保健局のケースでも、こうやって体調を崩し、病気になり、死亡にまで至った人が少なからずいたのではないだろうか。

健康のモノサシというのは人それぞれ違う。それを一つのモノサシで測るからおかしなことになる。その意味でいつも滑稽に思うのは、テレビなどでよく目にする「○○健康法」の類いである。この手の情報を鵜呑みにしたら、それこそ一日にココアを三杯、コーヒーを五杯、さらに緑茶を七杯に、そのうえ水を二リットルも飲まなくてはいけなくなる。

水といえば、友人の奥さんが「健康オタク」で、実際に毎日一・五〜二リットル飲み続けたことがある。どうなったか？　一週間もしないうちに体がだるくなり、やがて顔や足がみるみる浮腫《むく》んできた。怖くなってすぐにやめたそうだ。毎日大量に水を飲むことで本当に体調がよくなる人もいるのかもしれないが、そんな人ばかりであるはずもなく、なかには友人の奥さんのように体調を崩す人もいるのである。

これはサプリメントなどでも同じだ。適量であれば、栄養補助の役割を果たすのかもしれないが、たとえば、ベータカロチンなどは過剰に摂取すれば、肺ガンの発生率が高くなったり、脳血管疾患の死亡率が高くなったりするリスクもあるという。本来、自然の食品から少しずつ摂取すべき栄養素を、人工的なサプリメントという形で一度に大量に体内に投入することで、免疫システムに異常が生じるのではないか。

そもそも自分の住んでいる地域の家庭料理――それは何千年もかけて築き上げたその地方の固有の食文化にほかならない――に勝る健康食品などあるわけがないのだ。

松尾芭蕉に「面白うてやがて悲しき鵜舟《うぶね》かな」という句がある。鵜が鮎《あゆ》を捕まえても鵜匠《うしょう》にとられてしまう哀れを詠んだものだ。この句の「鵜舟」を「オタク」に置き換えれば、「○○健康法」に飛びついては乗り換え、結局、思うような効果が得られず落胆する「健康オタク」の哀れを揶揄するのにぴったりではないか。

「面白うて　やがて悲しきオタクかな」

健康に生きるのは大事だが、健康のために頑張りすぎるのは不健康だ。いつまでも健康でいたいなら、健康オタクになるよりも、好きなものを食べて毎日気を使わず暮らすこと。フィンランド症候群は、そのほうが元気で長生きできることを教えている。

〝健康神話〟に騙されるな

永六輔さんのベストセラー『大往生《だいおうじょう》』（岩波新書）にこんな一節がある。

「身体がちょっとオカシイぐらいで医者に行ってはいけません、確かにいつもと違う、という自覚があってからで大丈夫です。今の診察技術だと、ちょっとオカシイを、とてもオカシイにしてしまう危険の方が高いのです。

人間ドックに行ってから急に体調が崩れるのは、そのせいです」

医師の近藤誠さんの著書『医原病』にこれを裏づける驚くべきデータが載っている。一九九九年の日本病院会の全国集計によれば、人間ドックの健康診断で「異常なし」と判定された人はたったの一六％で、実に八割以上の人が「異常あり」とされたというのだ。なぜこんなことになるのか。近藤さんによれば、その理由はこうだ。

健康診断では数値が極端な上下五％の人を除いた九五％の人の値を基準範囲としているが、そもそも上下五％の人を基準範囲外とする科学的根拠はなくて、「そのへんが妥当な線ではないか」程度のことで決められたものらしい。ひょっとしたら上下一％の人を除いて九九％の人の値を基準範囲にしてもよかったのだ。

だから、自分が基準範囲外の五％に入ったからといって、必ずしも病気が存在することを意味しない。おかしな自覚症状が何もないなら、その数値はその人の個性（体質）に由来するものかもしれないからだ。

しかし、現実には五％に入ってしまうと基準範囲外の烙印《らくいん》を押されてしまう。しかも検査項目が増えれば増えるほど、基準範囲外になる確率は高くなる。近藤さんは書いている。「かりに一〇項目を調べれば、すべての測定値が基準範囲内におさまる確率は（〇・九五の一〇乗で）〇・五九九になり、三〇項目を調べると確率は〇・二一五に低下する」と。これが人間ドックで八割以上が「異常あり」とされるカラクリである。

ちなみに上下一％を除く九九％の人の値を基準範囲にすると、三〇項目調べても、すべての測定値が基準範囲内に収まる確率は〇・七四〇（〇・九九の三〇乗）と大幅にアップする。つまり検査で「異常あり」とされる確率は三割以下ですむのだ。これでは上下五％を基準範囲外にするのは、まるで病人をつくるための数値設定のような気さえしてくる。

健康に気を使うのはいいが、気にしすぎるのはよくない。どこもおかしいところがないのに、神経質なまでに定期健診や人間ドックにかかるのは考えものだ。永さんではないが、「ちょっとオカシイ」が、本当に「とてもオカシイ」にされかねない。

とはいえ、人間、いつケガをしたり病気になるかわからない。そんなとき信頼のおけるかかりつけの医者が近くにいれば、何かと安心だし、心強い。

風邪をひいただけでもすぐに大病院に行きたがる人がいるが、そんなバカげたことはやめたほうがいい。「三時間待ちの三分間診療」を受けるだけだ。そもそも大病院というところは、高度な医療を期待してさまざまな病人がやってくるところだ。なかには、「だるくて微熱があるので診てもらったら重大な伝染病に感染していた」、そんな人が初めての外来で、受付ロビーの長椅子の隣に座っているかもしれないのである。診察を受けるまでは誰もそのことに気づかない。大病院というのは恐ろしいところなのだ。

町医者ならそうしたリスクは低い。軽い病気やケガなら、それこそ近所の診療所で十分だ。診療所で手に負えないなら紹介状を書いてもらって大きな病院に行けばいい。

知り合いの医者によれば、かかりつけ医を選ぶときは、

①自宅から近い

②近所の評判がいい

③二四時間対応してくれる

④ありふれた病気やケガなら、何でも対処できる

⑤病気や治療法について、納得のいく説明をしてくれる

⑥安易に薬を処方しない（処方する場合は副作用についても十分説明する）

⑦手に負えないときは、すぐに大きな病院を紹介してくれる

などの点に注目して判断するといいという。

また、病や医療に対する考え方など、できれば、自分の生き方や死生観などを理解してくれる医者なら最高だが、なかなかそこまでは難しい。

長い人生で親しくしたい友人は、医師と弁護士と会計士だろう。埼玉に住む友人は、「知り合いに紹介され、すっかりウマが合った」という山形の診療所の先生を頼りにしていて、年に一度、旅行がてら立ち寄るのだという。それも「定期健診なんかじゃない。ただ一緒にうまい酒を飲むだけだ」。緊急のときはどうしようもないが、「いざ

という時は東京の大病院の一つくらいは紹介してやる」と言われているそうだ。

なお、かかりつけ医で何か病気の診断が下されたときは、必ず別の大きな病院であらためて診察を受け、セカンドオピニオンを得るほうがいい。かかりつけ医の診立てが間違っていれば、それこそ命にかかわるかもしれない。まずは正確な病状を知ること。治療のあり方も含めて、どう対処するかは、それからだ。

人生80年——だからいま、考えておくべきこと

男性七十九・五四歳、女性八十六・四四歳。**日本は世界一の長寿国だ。**

それはそれでめでたいことだが、長生きする人が増えれば、当然、病気や痴呆、衰弱、ケガなどで長期の介護が必要になるケースも増える。

WHO（世界保健機関）は要介護状態となった「不健康期間」を平均寿命から差し引いたものを「健康寿命」と定義している。WHOの「世界保健報告」（二〇〇三年）を見ると、当時の日本の平均寿命は男性七十八・四歳、女性八十五・三歳だが、不健康期間は男性で六・一年、女性で七・六年もあって、（平均寿命）－（不健康期間）の健康寿命は男性七十二・三歳、女性七十七・七歳にとどまる。人生八十年時代のこれが実情なのである。

「PPK（ピンピンコロリ）」という言葉に、馴染みのある方も多いだろう。これはすなわち、死ぬ間際までピンピン元気で過ごし、死ぬときはコロッと逝きたいという

考え方のことだ。「健康で長生きし、死ぬときはあっさり大往生したい」という健康づくりの活動から生まれた言葉である。

しかし、PP（ピンピン）即K（コロリ）と逝ければいいが、現実にはPPとKの間には六、七年もの不健康期間があって、寝たきりや痴呆などで介護を余儀なくされる人が多いのである。

なぜ、これほど要介護の期間が生まれるのか。医師で作家の久坂部羊《くさかべよう》さんは『日本人の死に時』（幻冬舎新書）でこう述べている。「病院へ行って、無理に命を延ばすから、平均寿命が延びる。だから健康寿命との差が広がり、介護の需要が高まる」と。

よく「大切な人にはどんな形であれ、できるだけ長く生きていてほしい。やれるだけのことはしてやりたい」という。しかし、チューブだらけにされ、人工呼吸で生かされる本人はどうなのだろう。家族のために頑張ろうという人もいるのだろうが、「いい加減に逝かせてくれよ」と思う人もいるはずだ。

家族の思いはわかるが、それがかえって本人の最期を苦しいものにしているとしたら、情愛の名を借りた自己満足にすぎないのではないか。チューブだらけにされるのが嫌なら、いまのうちから家族にその気持ちをきちんと伝えておくことだ。

人は必ず死ぬ。商売で大成功した大富豪にも、万巻の書を渉猟読破した賢人にも死は等しく訪れる。その意味では死は公平である。ただし、寿命は人それぞれ違う。百歳を超えて元気な人もいれば、二十歳代の若さで病に倒れる人もいる。理不尽かつ不公平だ。

だが、それを恨んでみたところでどうなるものでもない。詮ない話だ。大事なことは自分に与えられた天寿というものを泰然と受け入れ、静かに逝くことではないか。

ところが、そうした死生観を受け入れるには、いまの世の中、やれ八十歳でモンブランに登ったとか、九十歳でも現役真っ盛りとか、あまりにも安楽な長寿を囃す情報が多すぎる。そこに登場するのは、もともと頑健な肉体と精神を生まれ持った、いわばスーパー老人ともいうべき稀有な人たちだ。普通の人ではまねようがない超人たちなのである。

ところが、そうしたスーパー老人の姿がメディアを通じて頻繁に流れると、彼らが老後のモデルになってしまい、いつまでもPP（ピンピン）でいるのが当たり前と思う人も出てくる。老後で一番大切なのは、「いかにしてK（コロリ）と逝くか」だが、そこには思いが至らず、元気で長生きすることばかりを考える。その結果、何が起こるかといえば、定期健診や人間ドックなど自身への過剰な健康管理なのだ。

人間、年を取れば、誰だってガタがくる。検査を受ければ、何かしら異変が見つかるのは、ある意味当然なのだ。異変が見つかれば、本人も医者も放っておくわけにもいかないから、治療をせざるを得ない。そうやって本当の病人になってしまう。このことがＰＰ（ピンピン）とＫ（コロリ）の間の不健康期間の大きな原因の一つになっている。**健康管理はときとして不健康をもたらすのである。**

そんなことなら、老いてからの病は「知らぬが仏」でいいのではないか。知り合いの医者から聞いたのだが、さしたる苦痛もなく天寿を全うした人を解剖してみたらガンが見つかった、というのはよくあることだという。「天寿ガン」というのだそうだ。だから先の久坂部さんは「ある年齢以上の人は病院へ行かないという選択肢」もあってていいのではないかと提案している。大賛成である。その年齢は七十歳を超えたくらいでいいと思う。病院に行かなければ、異変に気づくこともないから、ストレスを感じることもない。治療による心身のダメージも薬による副作用に苦しむこともない。高齢者の場合は、ガンを抱えていたとしても、それに気づかなければ、仲良く共存しつつ天寿を全うし、安楽な最期を迎えられる可能性が少なくないのだ。年を取ったら健康診断なんか受けないことだ。

ＰＰ（ピンピン）とＫ（コロリ）の間の不健康期間を短いものにするには、過剰な健康管理をしないで、与えられた天寿を粛々と受け入れることだ。「メメント・モリ（死を想え）」で、そうやってＰＰとＫの間に想いを馳せるなら、自ずと死の意味も生の意味も深いものになるはずだ。死に方を考えることは、どう生きるかを切実に掘り下げることだ。

ターミナル・ケア（終末期医療）を確立した精神科医のエリザベス・キューブラー・ロスによれば、死を前にして多くの人たちが抱くのは、「なぜやりたいことをしなかったのか」という後悔の念だという（ＮＨＫ教育「ＥＴＶ特集」二〇〇四年一二月二五日）。

つまり、人生で大事なことは、「死を想い、いかに生きるか」なのだ。それは寿命とは関係ない。維新を先駆した幕末の思想家吉田松陰《よしだしょういん》は、三十歳で斬首（安政の大獄）されるが、門下生にこう書き残し、泰然と死を受け入れた。

吾れ行年三十、一事成ることなくして死して禾稼《かか》の未だ秀でず実らざるに似たれば惜しむべきに似たり。然れども義卿の身を以《もっ》て云《い》へば、是《こ》れ亦《また》秀実の時なり、何ぞ必ずしも哀しまん。

（私は三十歳で生を終わろうとしている。いまだ一つも成し遂げることがなく、このまま死ぬのは、これまでの働きによって育てた穀物が花を咲かせず、実をつけなかったことに似ているから惜しむべきかもしれない。だが、私自身について考えれば、やはり花咲き実りを迎えたときなのである。）

（吉田松陰／古川薫『吉田松陰留魂録』講談社学術文庫）

人の寿命に定めはない。三十歳で死のうが、何かを成し遂げた人生であれば、何を哀しむことがあるだろう。死を目前に悟り得た死生観。松陰の心は澄んでいる。

身はたとひ　武蔵《むさし》の野辺に朽ぬとも　留《とど》め置《おか》まし　大和魂《やまとだましい》

松陰の辞世。幕引き、天晴れである。

「大切な人との別れ」をどう受け止める？

生者必滅会者定離――。**人の命はいつか尽きるし、出会いに別れはつきものだ。**それは頭ではわかっているが、いざそのような場面に遭遇すると、人間、そう簡単に割り切れるものではない。人との別れは辛く悲しい。それが永遠のものであれば、なおさらそうだ。

数年前、定年を迎えたばかりの友人が奥さんを突然の病で亡くした。まだ五十歳代の若さだった。報せを受け、彼を訪ねたときのことだ。意外にも彼は笑顔で迎えると、それまでに撮りためた写真やビデオを見せては、「これは初めて二人でタイに行ったときだな。女房が財布をなくして大変だったんだよ」などと饒舌《じょうぜつ》に話し続けた。ときには場違いなほどの大声で笑ったりもした。弟さんが心配して「兄貴、大丈夫か」と声をかけたほどだ。

人はあまりに突然の悲劇に遭遇すると、それを受け止めきれず、逃避の気持ちがそうさせるのか、しばしば他人の目には滑稽（あるいは異様）に映るような奇妙な行動を取るものだ。このときの彼の振る舞いはまさにそうだった。それだけ奥さんの死は、彼の精神に激烈な衝撃を与えたのだろう。

半年ほどして、「だいぶ落ち着いた」というので彼を食事に誘った。少し痩《や》せたようだったが、表情は穏やかだった。彼は言った。

「女房に突然、死なれてショックだった。自分でも驚くほどこたえた。何もする気になれない。ふと気づくと涙を流している。どうしちゃったんだと思うんだけど、体にちっとも力が入らない。横になったまま動く気がしない。嫁いだ娘が心配して食事を作りに来てくれて、それで何とか生きてたようなものだ。そんなある日、孫が一冊の絵本を持ってきてくれた。それからだよ、女房の死を少しずつ受け入れられるようになったのは」

お孫さんから贈られた絵本は、『わすれられないおくりもの』（スーザン・バーレイ／評論社）。みんなに慕われ、尊敬されていたアナグマが死んでしまい、悲嘆に暮れていたモグラやカエルやキツネなど森の仲間たちが、アナグマが一人ひとりに残してくれた豊かな思い出のおかげでアナグマの死を受け入れ、立ち直っていく物語だ。

人は大切な人を亡くすと、ともにあったはずの未来が断ち切られてしまったことを嘆くあまり、それまで一緒に歩んできた過去の豊かな思い出までも封印してしまいがちだ。友人はお孫さんから贈られた絵本を読んで、そのことに気づいたのだという。

「あの絵本は娘が買って、これ、おじいちゃんにプレゼントしようって、孫に持たせたんだと思う。娘は言いたかったんだね。お母さんは、お父さんにも私たちにも忘れられない贈り物をたくさん残してくれたじゃない。お母さんの思い出は永遠だよって。子供のことは女房に任せきりだったけど、そうやって気遣ってくれる娘や孫を見て、ああ、女房はいい子育てをしたんだなあ、偉かったなあ、って嬉しくなってね。そうしたら自然と思えたんだよ、これからは女房の思い出と一緒に生きていこうって」

死は誰にでもいつかは訪れる。しかし「恩愛、甚だ絶ち難し」（親鸞聖人）の言葉もあるように、深い愛情で結ばれた者ほど、その衝撃を受け入れるのは容易なことではない。

そんなとき、一番いけないのは現実から目を背け、無理やり悲しみを抑え込もうとしたり、何かに逃げ込んだりすることだ。体調を崩したり、心を病む原因になりかねない。下手をすると、自分もその人のもとへ行ってしまいたい衝動にかられる。

もちろん、そんなことをしても亡くなった人が喜ぶはずもない。**断ち切られた未来を嘆き、世を儚《はかな》んで生きるより、ともに歩んだそれまでの人生を大切に思いながら生きてくれるほうが、どれだけ亡くなった人も嬉しいかしれない。**

九十八歳の巨匠、新藤兼人監督が、亡き妻乙羽信子さんについてテレビのインタビューでこう語るのを見た（ＮＨＫ「クローズアップ現代」二〇〇七年七月二十五日放送）。

「（乙羽さんとの）思い出が生きる力になっている。センチメンタルではない」

結局、大切な人との別れというのは、思い出の力を借りながら、ゆっくりと時間をかけて、少しずつ癒していく以外にないのだと思う。その過程を従容として受け入れる。そうすれば、大切な人はいつもあなたの心で生き続けるのではないだろうか。

「老い」なんか怖くない！

近頃、社会的に地位のある人たちが、老醜をさらし、晩節を汚すことが多い。トップの座にしがみつく経営者、大臣の椅子に恋々とする政治家、過去の栄光を捨てられない有名スポーツ選手……。こういった姿をメディアを通して目にするたびに、もういいじゃないか、十分だろう、と思ってしまう。

作家の星新一さんが『祖父・小金井《こがねい》良精《よしきよ》の記』（河出文庫）で「年齢に不相応な欲望がどこかに残っていると、それが老醜となる」と書いていた。老いは誰にも訪れる。それを素直に受け入れることができず、心身の調和が崩れてしまうとき、人は己の欲望に支配され、醜い姿をさらしてしまうのだろう。

しばらく前に年金暮らしの老人たちが、東南アジアへ売春ツアーを組んで出かけているとして大顰蹙を買ったことがある。知り合いの編集者が言ったものだ。「いくら円の使い勝手があるからって、わざわざタイとかまで出張って、年金で女の子を買うかねえ。他にやることがないのかなあ。老醜無残、ここに極まれりだ」

もっともその手のツアーに参加した色ボケ老人のなかには、かの地でエイズをもらい、その後、亡くなった人もいるというから、悪いことはできないものである。

ともあれ、老いての欲望はかくもやっかいだ。**老いと歩調を合わせて己が欲を制していかないと、とんだ老醜をさらし、下手をすれば、失意の晩年を過ごしかねない。**

その点、見事な引き際を見せたのは、二〇〇九年秋に亡くなった落語家の五代目三《さん》遊亭円楽《ゆうていえんらく》師匠である。数年前に脳梗塞を患い、懸命のリハビリを経て二〇〇七年二月、久々に高座に上がった。演目は「芝浜《しばはま》」。夫婦の愛情を暖かく描いた古典落語のなかでも屈指の人情噺《ばなし》として知られる。筋はこうだ。

大酒飲みの魚屋の亭主が、ある日、芝浜で大金の入った財布を拾う。亭主は仲間と豪遊し、へべれけに酔いつぶれる。女房は「こんな大金を手にしたらロクなことにならない」と案じ、亭主に内緒で、その財布を落としものとして役所に届けてしまう。

翌朝、目を覚ました亭主は「酒代はどうするんだ」と女房から責められる。「財布を拾ったんだ」と必死に訴えるが、女房は「そんなもの、どこにあるんだ」とシラを切る。「あれは夢だったのか」と諦め、改心した亭主は、その日から酒を断ち、懸命に働いた。

三年後の大晦日《おおみそか》、店をかまえるまでになった亭主に女房は事の真相を告げる。実はあの財布は役所に届け、その後、落とし主が現れなかったので、改めて大金が下げ渡されたのだと。それを聞いた亭主は、なじるどころか、自分を真人間に立ち直らせてくれた女房に感謝する。そんな亭主の労をねぎらい、女房は「久しぶりに酒でも」と勧める。亭主は一度はその気になるが、こう言って思いとどまり、杯を置く。「よそう、また夢になるといけねえ」――。

円楽師匠は、この「芝浜」を復活の高座の演目に選んだ。ところが、雑誌「婦人公論」(二〇〇七年四月二二日)が伝えるところによれば、噺《はなし》が佳境に入る、妻の真相告白の場面で、筋とはまったく関係のない親戚のお通夜のことがふと頭に浮かんできたのだという。女房が「いままで黙っていて悪かったが」と苦しかった胸の内を語る場面で、とんでもない雑念が頭をかすめたのだ。

実力がない噺家《はなしか》を真打ちにするのはおかしいと主張して師匠圓生《えんしょう》とともに落語協会を脱退したほど芸には厳しい人である。引退会見では「思うように口が回らなくなった」ことを理由にあげていたが、それもさることながら、復活の高座で集中力を欠くような芸を見せてしまった自分に衝撃を受け、引き際を悟ったのだろう。

プロ野球選手の引退などを見ても、「まだやれる」「潔すぎる」と惜しまれてやめるケースがあるが、「昨日までは捕れた打球だった」とか、「あれがスタンドに届かないようではおしまいだ」とか、素人にはうかがい知れないレベルで、「もはや自分のプレーができない」と悟った瞬間が、きっとあったのだろうと思う。

出処進退というのは難儀なものだが、引き際の鮮やかな人は、そうやって老いの歩みに合わせて己が欲を制し、見事に枯れていくのである。

枯れるというのは、足るを知ることであり、突き詰めれば、人間の最大の欲望である生への執着を捨てることだ。しかし、これが難しい。ガン宣告を受けたお坊さんが、ショックから鬱病になり、自殺してしまったという話を聞いたことがある。修行を積んだお坊さんでもそうなのだから、我々凡夫が死を恐れるのは仕方がないのかもしれない。

だが、老いや死を恐れすぎるのは考えものだ。「老醜をさらしたくないから」「子どもに介護の面倒をかけたくないから」といつまでも元気な安楽長寿を望み、定期健診や人間ドックにまめにかかったりすると、知らぬが仏の大病が見つかり、かえって惨めな思いをしたり、家族の負担になったりする。先にも述べたが、老後は下手に病院になど行かないほうが、案外、ＰＰＫ（ピンピンコロリ）と楽に逝けるものなのだ。

二〇〇六年秋、食道ガンで亡くなった児童文学作家の灰谷健次郎さんは、人生をかけて学んできたのは、ものごとに執着しないことであり、その通りに生涯を終えたいと延命治療を拒否した（「東京新聞」二〇〇七年七月二八日）。

願いは「野の蝶《ちょう》やトンボのような生死」であったという。死と向かい合う視線の何と穏やかで優しいことか。

自分らしい逝き方を考えよう

作家の永井荷風は『断腸亭日乗《だんちょうていにちじょう》』に遺言を残している。
一、余死する時葬式無用なり。死体は普通の自働車に載せ直に火葬場に送り骨は拾ふに及ばず。墓石建立また無用なり。新聞紙に死亡広告など出す事元より無用。
一、葬式不執行の理由は御神輿《おみこし》の如き霊柩《れいきゅう》自働車を好まず、また紙製の造花、殊に鳩《はと》などつけたる花環を嫌ふためなり。
しかし実際には、荷風が亡くなると葬儀が行なわれ、お墓も作られた。それも荷風が愛した東京下町の墨東地区ではなく、山手の雑司ヶ谷に。

荷風はその遺志をかなえてもらえなかったが、近頃では自分の逝きたいように逝く人が増えている。いまだに「故人の値打ちは弔問客の数でわかる」などと思っている人もいるようだが、最近はそうした派手で大掛かりな葬儀を嫌い、静かに世を去る著名人が多くなった。

先鞭をつけたのは、一九九二年五月に亡くなった『サザエさん』で有名な漫画家の長谷川町子さんだったとされる。長谷川さんは、遺言にこう綴った。「入院、手術はしない。葬儀、告別式はせず、密葬。納骨が終わるまで公表しない」。このため納骨がすむまで死亡は公表されなかった。

この流れを決定づけたのは、「寅《とら》さん」でお馴染みの渥美清さんだった。渥美さんは一九九六年八月に亡くなったが、「死に顔を他人に見せたくない。骨にしてから世間に知らせてほしい」との遺言により、家族だけで密葬が行なわれた。

以後、沢村貞子さんや丸山眞男さんらの巨星も密葬という形で静かに逝った。

人は死ねば、みな虚空に戻る。であればこそ、諸行無常を自然に受け入れる死生観こそ美しい。山本常朝《やまもとつねとも》の「武士道とは死ぬことと見つけたり」（『葉隠《はがくれ》』）の真意は、「死はいつか誰にも等しく訪れる。だからこそ今日一日を大事に生きる。死を知り、向かい合ってこそ、立派に生きることができる」、ということだ。断じて死に急ぎの勧めではない。

日蓮《にちれん》聖人も言っている。「かしこきも、はかなきも、老いたるも、若きも定め無き習ひ也《なり》、されば先《ま》づ臨終の事を習ふて後に他事を習ふべし」と。

死を知り、向かい合うとは、どう生きるかを考えることだ。

葬式の葬という字は、草に亡骸《なきがら》を横たえる姿を意味しているという。中国でこの字ができた頃は、風葬が当たり前であり、墓は権力者のものだった。絵本作家でエッセイストの佐野洋子さんは、「ネパールは鳥葬や風葬で墓がない。墓がないというか、墓という言葉がないそうだ」（『神も仏もありませぬ』筑摩書房）と書いている。

なぜ風葬の話をしたかというと、知り合いに「自分は風葬で逝きたい」と遺言を書いているライターがいるからだ。彼の実家は埼玉の田舎で、ちょっとした山持ちだ。「死んだらその山林に亡骸を置いて、静かに逝かせてほしい」というのが彼の願いだ。法律的にはたぶん墓地・埋葬等に関する法律に違反し、死体遺棄罪に問われるはずだ。しかし、そうやって、「リスや狸たちと同じように土に還《かえ》る」ことこそが、彼にとっての安らかな死なのだ。

死期《しご》は序《ついで》を待たず。死は、前よりしも来《きた》らず、かねて後《うしろ》に迫れり。人皆死ある事を知りて、待つことしかも急ならざるに、覚えずして来《きた》る。

（吉田兼好『徒然草《つれづれぐさ》』）

人の死は、確率一〇〇％で避けようがない。人間、生を受けたからには、いつかは必ず死ぬ。それが定めというものだ。そのことを心に留め置き、自分らしい逝き方を考えておくべきである。いよいよお迎えが来たとき、じたばたせず、恬淡と逝くためにも——。

本書は、小社より刊行した単行本を文庫収録にあたり再編集したものです。

川北義則（かわきた・よしのり）
　1935年大阪生まれ。1958年慶應義塾大学経済学部卒業後、東京スポーツ新聞社に入社。文化部長、出版部長を歴任後、1977年に日本クリエート社を設立。
　現在、出版プロデューサーとして活躍するとともに、生活経済評論家として新聞、雑誌などに執筆、講演活動を行なっている。
　おもな著作に、『「20代」でやっておきたいこと』『「30代」でやっておきたいこと』『ちょっと硬派な男の生き方』（以上三笠書房刊、*印《知的生きかた文庫》）のほか、『男の品格』『大人の流儀』『「一人時間」を愉しむ生き方、暮らし方』『大人の「男と女」のつきあい方』『男は死ぬまで働きなさい』『龍馬のように生きてみないか』『凛として生きる男の作法』など多数がある。
e-mail　ykawakita@nifty.com
ブログ　http://kawakita1935.blog90.fc2.com/

知的生きかた文庫

「55歳《さい》」からの一番楽《いちばんたの》しい人生《じんせい》の見《み》つけ方《かた》

著　者　川北義則《かわきたよしのり》
発行者　押鐘太陽
発行所　株式会社三笠書房
郵便番号一〇二-〇〇七二
東京都千代田区飯田橋三-三-一
電話〇三-五二二六-五七三四〈営業部〉
　　〇三-五二二六-五七三一〈編集部〉
http://www.mikasashobo.co.jp
印刷　誠宏印刷
製本　若林製本工場

ISBN978-4-8379-7916-6 C0130

知的生きかた文庫

ちょっと硬派な男の生き方

川北義則

男は基本的に硬派であるべし。知性も教養もあるうえ、理不尽なことには一歩も引かない勇敢さを持ち、どんなときも自分の考えがあって、決してブレない。……「自分の流儀」を貫く生き方がここにある。現代に生きるすべての男が読むべき1冊。

疲れない体をつくる免疫力

安保　徹

免疫学の世界的権威・安保徹先生が、「疲れない体」をつくる生活習慣をわかりやすく解説。「なるべく日光をよく浴びる」「1日に3回、爪をもんでみる」「お風呂にゆったりと浸かってみる」などなど、ちょっとした工夫で、みるみる体が元気に！

本多静六 成功するために必要なシンプルな話をしよう

本多静六

東大教授にして伝説の大富豪が残した15の成功法則。「お金をムダなく活かす」「仕事を道楽にする」そして「たまに仕事を一切忘れる」――シンプルだから「深い」、シンプルだから「すぐできる」！強く、幸福な人生を送るための確実な法。

C30062